O FUTURO DA DEMOCRACIA

NORBERTO BOBBIO

O FUTURO DA DEMOCRACIA

Tradução
Marco Aurélio Nogueira

19ª edição

Paz & Terra
Rio de Janeiro
2023

Copyright © 1984 Giulio Einaudi editore s.p.a., Torino
Copyright da tradução © Paz e Terra, 1986

Título original: *Il futuro della democrazia. Una difesa delle regole del gioco*

Direitos de edição da obra em língua portuguesa no Brasil adquiridos pela EDITORA PAZ E TERRA. Todos os direitos reservados. Nenhuma parte desta obra pode ser apropriada e estocada em sistema de bancos de dados ou processo similar, em qualquer forma ou meio, seja eletrônico, de fotocópia, gravação etc., sem a permissão do detentor do copyright.

Editora Paz e Terra Ltda.
Rua Argentina, 171, 3º andar – São Cristóvão
Rio de Janeiro, RJ – 20921-380
http://www.record.com.br

Seja um leitor preferencial Record.
Cadastre-se e receba informações sobre
nossos lançamentos e nossas promoções.

Atendimento e venda direta ao leitor:
sac@record.com.br

Texto revisado segundo o novo Acordo Ortográfico da Língua Portuguesa.

CIP-BRASIL. CATALOGAÇÃO NA FONTE
SINDICATO NACIONAL DOS EDITORES DE LIVROS, RJ.

B637f 19ª ed.	Bobbio, Norberto (1909–2004) O futuro da democracia. Uma defesa das regras do jogo / Norberto Bobbio; tradução de Marco Aurélio Nogueira. – 19ª ed. – Rio de Janeiro / São Paulo: Paz e Terra, 2023.
	ISBN: 978-85-7753-087-8
	Tradução de: *Il futuro della democrazia. Una difesa delle regole del gioco* Bibliografia.
	1. Democracia. I. Título. II. Série.
86-0377	CDD – 321.4 CDU –321.7

Impresso no Brasil
2023

SUMÁRIO

NOTA À EDIÇÃO DE 1995	7
INTRODUÇÃO À 2ª EDIÇÃO (1991)	13
PREMISSA À EDIÇÃO DE 1984	23
O futuro da democracia	35
Democracia representativa e democracia direta	71
Os vínculos da democracia	107
A democracia e o poder invisível	135
Liberalismo velho e novo	171
Contrato e contratualismo no debate atual	203
Governo dos homens ou governo das leis?	235
Democracia e sistema internacional	267
SOBRE O AUTOR	299

Nota à edição de 1995[*]

Tendo chegado ao fim da vida, eu não poderia desejar honra maior que a de receber este prêmio, que, como posso ler nos Estatutos da Fundação que o concedeu a mim, inspira-se em "elevados conceitos humanitários" e visa a "encorajar no mundo – sem distinção de nacionalidade, raça e religião – a cultura, as ciências e as mais dignas iniciativas humanitárias, de paz e fraternidade".

As disciplinas pelas quais o prêmio me foi conferido são o direito e a ciência política, com destaque particular para o governo da democracia. Se ele foi ou não merecido, não me cabe dizer. Se tivesse de me julgar a mim mesmo, comparando-me a tantos outros estudiosos que percorreram mais ou menos a mesma estrada, seria obrigado a exprimir algumas dúvidas. Até mesmo porque, quando já se atingiu certa idade, é temerário propor-se novas metas. Devemos nos contentar em considerar que a obra já está completa. Mas, no momento de fazer o balanço final, temos a im-

---

[*] Discurso pronunciado na Accademia dei Lincei [Academia dos Linces] por ocasião da entrega a Bobbio do Prêmio Balzan de 1994 na categoria Direito e Ciência Política. Fundada no século XVII, a Academia reúne estudiosos de diversas disciplinas científicas, reconhecidos por sua sabedoria (os "olhos de lince"). [N. do T.]

pressão de que a obra mais bela, que imaginamos por tanto tempo, a obra definitiva, é a que nunca pudemos escrever e que, no limite, não escreveremos mais, já que não teremos o tempo e a energia suficientes. Nada mais posso fazer a não ser suspender minha própria avaliação e submeter-me à avaliação dos outros. A avaliação dos senhores, à qual agradeço, lisonjeia-me e de certo modo me intimida; por outro lado, ela também me encoraja a continuar, não obstante as dificuldades, e a deslocar mais para a frente o limite derradeiro.

Minha obra é feita de numerosos fragmentos esparsos em livros, artigos, discursos, sobre temas diversos, ainda que ligados entre si. Eu mesmo tenho alguma dificuldade para extrair disso tudo uma visão de conjunto. Mas que eu tenha dedicado boa parte dos meus escritos ao estudo dos princípios e dos fins, da história, da atualidade e do futuro da democracia é um fato dificilmente refutável, que qualquer observador imparcial pode constatar se passar os olhos pela minha bibliografia.

Pertenço a uma geração que completou sua educação filosófica, literária e política durante a chamada "era das tiranias". Tive, porém, a sorte de acompanhar, na Faculdade de Direito de Turim, as aulas de professores como Francesco Ruffini, Luigi Einaudi e Gioele Solari, que souberam manter livre o juízo sobre homens e eventos no momento mais obscuro da história da Itália. Também jamais se deixou silenciar a voz admoestadora de Benedetto Croce. Quando o fascismo estava prestes a cair, sabíamos bem que a tarefa que nos aguardava era a de nos preparar culturalmente para o objetivo de renovar nossas instituições e restaurar o Estado liberal e democrático na Itália.

Em 1944, último ano da ocupação alemã, preparei um ensaio introdutório e uma antologia de escritos de Carlo Cattaneo, com a intenção de repor a honra da tradição republicana depois das derrotas do *Risorgimento*. Dei os primeiros e difíceis passos como jornalista no jornal do Partido de Ação, *Giustizia e Libertà*, dirigido pelo amigo Franco Venturi, com artigos sobre temas como "Por que democracia?" e "Qual democracia?". O primeiro ensaio que publiquei em uma revista, *Lo Stato moderno*, também ela vinculada ao Partido de Ação, chamava-se "Estado e democracia". Em 1946, ajudei a divulgar a obra de Popper sobre a sociedade aberta e seus inimigos, que então se publicava. Encarregado de proferir a primeira aula inaugural de um ano acadêmico depois da guerra, em 1946, na Universidade de Pádua, escolhi o tema "A pessoa e o Estado", no qual a democracia era apresentada como a forma de governo que se baseia no respeito à pessoa humana contra toda forma de totalitarismo. O Estado totalitário era nossa obsessão. A democracia, mais do que a nossa esperança, era a nossa causa. Reconheço que tinha na época a paixão e a ingenuidade do neófito. Com os estudos que então se seguiram, creio ter perdido em parte a ingenuidade, mas considero ter conseguido manter viva, em que pesem os muitos desenganos, a paixão e, com ela, a confiança num mundo em que a democracia possa se expandir e se reforçar não só no interior dos Estados particulares, mas também no sistema internacional. Sabemos por experiência própria que no momento mesmo em que a democracia se expande ela corre o risco de se corromper, já que se encontra continuamente diante de obstáculos não previstos que precisam ser superados sem que se altere a sua própria natureza, e está obrigada a se adaptar continuamente à invenção de novos meios de comunicação e de formação da opinião pública, que podem ser usados tanto para infundir-lhe nova vida quanto para entorpecê-la.

Ao tema dos obstáculos não previstos e das promessas não cumpridas, dediquei um dos meus livros mais conhecidos (não sei se dos mais lidos), *O futuro da democracia*, publicado em 1984. No fim do prefácio à primeira edição, escrevi que, contra os inimigos de esquerda e de direita, continuava a confiar na força das boas razões. A história havia desmentido o autor de uma obra intitulada *Como terminam as democracias*, segundo a qual as democracias estavam condenadas a perecer diante da potência invencível do totalitarismo comunista.* Deu-se exatamente o contrário. Não pretendo dizer que as democracias, no mundo de hoje, gozem de ótima saúde. Mas os Estados totalitários tombaram, um depois do outro. No prefácio à segunda edição de 1991, não podia deixar de constatar que o número dos Estados democráticos no mundo havia aumentado rapidamente. Ainda que com a cautela de quem ao longo da vida assistiu a uma contínua sucessão de vitórias e der-

---

* Referência ao livro de Jean-François Revel, *Comment les democracies finissent*, de 1983. [*N. do T.*]

rotas da liberdade, eu me perguntava se não teria ocorrido a passagem da era das tiranias à era das democracias.

Eis que, no momento em que escrevo estas páginas, chega à minha mesa de trabalho a tradução italiana de um livrinho francês chamado *O fim da democracia*, que começa com a seguinte pergunta: "As democracias sobreviverão até o ano 2000?". Não gostaria de me equivocar, mas parece ser uma característica dos períodos de decadência o costume de abandonar-se à ideia do fim, deleitando-se com ela ou deplorando-a. Ontem ouvimos falar até mesmo de fim da história. Anteontem, de fim da revolução. Alguns anos atrás, de fim do mito do progresso. Quem considera que se iniciou a época pós-moderna, proclama o fim da modernidade. A ideia do fim da democracia cabe perfeitamente neste novo milenarismo. Era de esperar. O fim da democracia, no entanto, é apenas uma conjectura, exatamente como a ideia oposta. Não tenho argumentos racionais suficientemente fundados para defender a primeira hipótese mais do que a segunda. Porém, se sigo não a minha frágil faculdade de compreender nem a minha ainda mais frágil faculdade de prever, mas a minha forte faculdade de desejar e, apesar de tudo, de esperar, não tenho qualquer dúvida quanto à resposta.

Norberto Bobbio

Roma, 16 de novembro de 1994

Introdução à 2ª edição (1991)

Ao publicar a primeira edição deste livro, em 1984, tive a oportunidade de observar que, ao contrário das obscuras previsões de alguns analistas preocupados com o futuro da democracia no mundo, os regimes democráticos, pelo menos na Europa, haviam se estendido, ao passo que o mundo soviético estava "sacudido por frêmitos democráticos". Não se passaram muitos anos e os "frêmitos" se converteram em trepidações, que transformaram rapidamente em democracias – se bem que ainda em estado nascente – os regimes comunistas do Leste Europeu, tanto nos Estados satélites quanto no Estado-guia, a União Soviética. Até mesmo na América Latina, ditaduras militares aparentemente sólidas, como as do Chile e da Argentina, sucumbiram diante das pressões populares e como consequência de seus próprios fracassos.

Desta vez os profetas da desventura se equivocaram, incluindo quem havia descrito minuciosamente "a implacável máquina para a eliminação da democracia em que se converteu o mundo moderno".[1]

---

1. J. F. Revel, *Comment les democracies finissent* (1983), que cito a partir da tradução italiana, *Come finiscono le democrazie*, Milão, Rizzoli, 1984, p. 11.

De resto, a condenação da democracia como forma de governo débil, frouxa, destinada a ser destruída por Estados autocráticos, é muito mais antiga do que a época na qual o desafio para sua sobrevivência provinha da existência de Estados autoritários. O conhecido autor do livro *Né destra né sinistra* [Nem direita nem esquerda], Zeev Sternhell, em uma entrevista concedida a *Rinascita*,[2] recordou que a democracia moderna sempre foi contestada pelas mesmas razões, desde a origem: "A derrota da França para a Prússia, em 1870, deu impulso aos que defendiam a tese de que a Alemanha, sociedade feudal que manteve em vigor a férrea e aristocrática ordem hierárquica do *ancien régime*, havia prevalecido". E havia prevalecido "sobre uma sociedade que, vice-versa, apodreceu-se em decorrência dos nefastos valores democráticos", sempre considerados pela direita reacionária como perniciosos fatores de debilidade e de caos destrutivo. Pode parecer estranho, em todo caso, que a mesma acusação tenha continuado a ser repetida depois que as frouxas democracias, chamadas depreciativamente de "mediocracias", venceram duas guerras mundiais contra Estados antidemocráticos. E isso para não falar da terceira guerra, vencida sem a necessidade de combater e terminada no final de 1989, com a queda do Muro de Berlim.

Deve ficar bem claro que não faço qualquer aposta sobre o futuro. A história é imprevisível. Se a filosofia da his-

---

2. "Le due destre" [As duas direitas], entrevista de Zeev Sternhell concedida a U. de Giannangeli, in *Rinascita*, XLVI, nº 15, 22 de abril de 1989, pp. 15-17.

tória está desacreditada, isso deriva do fato de que todas as previsões anunciadas pelas diversas filosofias da história, que se sucederam ao longo do século XIX e início do século XX, foram desmentidas pela história realmente transcorrida. Até mesmo a famosa profecia de Tocqueville, que não era filósofo da história, sobre o futuro de um mundo dominado por dois grandes impérios, os Estados Unidos e a Rússia, não resistiu à prova dos fatos: um destes dois impérios se decompôs. Mais próxima da verdade mostrou-se a profecia feita por Hegel, que era filósofo da história, segundo a qual o progresso da civilização percorreria continuamente o caminho do movimento do sol de Oriente a Ocidente. Trata-se de uma profecia ainda mais surpreendente quando se lembra que Hegel havia se detido na Europa, ao passo que o movimento continuou na mesma direção, da Europa para os Estados Unidos e nos próprios Estados Unidos da costa ocidental para a costa oriental. Se então o movimento estivesse destinado a prosseguir em direção ao Japão – previsão não de tudo descabida –, o ciclo estaria fechado. Seria um ciclo espacial ou geográfico diferente do dos antigos, que era cronológico e temporal, e portanto mais propriamente histórico.

Ainda sem fazer qualquer aposta sobre o futuro, é inegável que – se olharmos ao redor não como filósofos da história, mas como simples cronistas do presente que se atêm aos fatos e não se permitem fazer voos altos demais – veremos que não apenas as democracias existentes sobreviveram, como novas democracias apareceram ou reapareceram ali onde jamais haviam existido ou onde foram eliminadas por ditaduras políticas ou militares. O historiador francês Elie Halévy escreveu depois da Primeira Guerra Mundial um livro intitulado *L'ère des tyrannies*. Não creio ser muito temerário se digo que nossa época poderia ser chamada *L'ère des democraties*.

Ao longo dos últimos anos, a democracia se converteu no denominador comum de todas as questões politicamente relevantes, teóricas e práticas.

Democracia e liberalismo: tema clássico e sempre atual. Eu mesmo escrevi com este título um livrinho várias vezes reeditado.[3] Democracia e socialismo: saiu em edição italiana *Democratic Theory and Socialism*, de Frank Cunnigham, discípulo de C. B. Macpherson.[4] Democracia e corporativismo (ou *corporate state*): refiro-me ao debate que também se difundiu rapidamente na Itália, provocado a uma dezena de anos atrás pelos escritos do politólogo alemão Philippe C. Schmitter.[5] *Democrazia e tecnocrazia* é o título de um recente livro de Robert Dahl.[6] Democracia e

---

3. *Liberalismo e democrazia*, Milão, Franco Angeli, 1985. [Ed. brasileira: *Liberalismo e democracia*. Trad. de Marco Aurélio Nogueira. São Paulo: Editora Brasiliense, 1988.]

4. *Teoria della democrazia e socialismo*, Roma, Editori Riuniti, 1991.

5. Para uma perspectiva geral do debate, ver *Patterns of Corporatist Policy Making*, Londres, Sage Publications, 1982, coletânea de ensaios sobre o tema organizada por G. Lehmbruch e Philippe C. Schmitter; tradução italiana *La política degli interessi nei paesi industrializzati*, Bolonha, Il Mulino, 1984.

6. Publicado por Il Mulino, Bolonha, 1987, com o subtítulo *Il controllo delle armi nucleari*, que reproduz o título da obra original *Controllingg Nuclear Weapons. Democracy versus Guardianship*, Nova York, Syracuse University Press, 1985. Outras obras de Dahl recentemente traduzidas: *I dilemmi della democrazia pluralista*, Bari, Laterza, 1989; *La democrazia econômica*, Bolonha, Il Mulino, 1989; *La democrazia e i suoi critici*, Roma, Editori Riuniti, 1990.

capitalismo: indico o livro de S. Bowles e H. Gintis, *Democracy and Capitalism*, que ainda não teve na Itália a repercussão que mereceria.[7] *Leadership e democrazia* é o título de uma obra coletiva organizada por Luciano Cavalli, autor que recentemente voltou ao tema, por ocasião do debate sobre as reformas constitucionais na Itália.[8] Isso para não falar de um livro cronologicamente anterior a todos esses, e que em seu próprio título resume a variedade de combinações entre a democracia e as outras ideologias ou formas de sociedade e de Estado que dela eventualmente se aproximam: refiro-me à conhecida obra de Giovanni Sartori, *Democrazia e definizioni*, cuja primeira edição, datada de 1957, foi várias vezes reeditada e traduzida para o inglês, tendo sido recentemente revista, atualizada e notavelmente ampliada, com o título *The Theory of Democracy Revisited*.[9]

Na contínua produção de livros sobre o tema, a democracia aparece nos exemplos citados como objeto a ser

---

7. Livro que traz o subtítulo *Property, Community and the Contradictions of Modern Social Thought*, Londres, Routledge & Kegan Paul, 1986.

8. Publicado pela editora Cedam, de Pádua. Deste mesmo autor, consultar: "La democrazia con un leader", "La repubblica presidenziale in Itália" e "La grande riforma e i suoi nemici", em *Mondoperaio*, XLIII, nº 10 e 11, respectivamente outubro e novembro de 1990, pp. 72-80 e 70-76, e XLIV, nº 3-4, jun.-jul. de 1991, pp. 4-11.

9. A primeira edição de *Democrazia e definizioni* é de 1957, Bolonha, Il Mulino; a tradução inglesa feita pela Wayne State University Press, de Detroit, é de 1962; *The Theory of Democracy Revisited*, em dois volumes, apareceu em 1987 pela Chatham House Publishing, Nova Jersey [ed. bras. *Teoria da democracia revisitada*, 2 volumes. Trad. de Dinah de Abreu Azevedo. São Paulo: Editora Ática, 1994]. Sobre ela, escrevi "La democrazia realistica di Giovanni Sartori, em *Teoria política*, IV (1988), nº 1, pp. 149-158.

comparado com alguma outra coisa. Mas também aparece frequentemente como conceito genérico que requer uma especificação: democracia liberal, socialista, corporativa, popular (hoje um pouco em desuso) e até mesmo totalitária, democracia dos antigos e dos modernos, populista ou elitista, pluralista, consensual ou majoritária,[10] e assim por diante. Não há autor respeitado que, ao propor sua própria teoria da democracia, não tenha elaborado uma nova tipologia das várias formas de regimes democráticos, para assim renovar ou "revisitar" a discussão. Existe também um livro, muito agradável e para nós reconfortante, que se intitula *Democracy Italian Style*, imediatamente traduzido com o título *Democrazia all'italiana*, que poderia facilmente ser retomado com variações infinitas: democracia à inglesa, à americana, à sueca etc. O autor, bem conhecido pelos estudiosos italianos, é Joseph La Palombara.[11]

São inúmeros os títulos em que "democracia" aparece como complemento, ela mesma, de especificação. Para dar um exemplo, *Critica della democrazia* (1963) é o título de um livro de Ugo Spirito, aluno de Gentile e conhecido teórico e ideólogo de um fascismo de esquerda que terminou por encontrar um ponto de acordo entre a crítica fas-

---

10. Esta é a distinção proposta e amplamente elaborada por A.Liphart, *Democracies. Patterns of Majoritarian and Consensus Government in Twenty-One Countries*, Londres, Yale University Press, 1984, tradução italiana com o título *Le democrazie contemporanee*, Bolonha, Il Mulino, 1988. Mais em geral, D. Held, *Models of Democracy*, Cambridge, Polity Press, 1987, trad. it. *Modelli di democrazia*, Bolonha, Il Mulino, 1989.

11. Publicado por Yale University Press, New Heaven e Londres, 1987, e Mondadori, Milão, 1987.

cista e a crítica proveniente da extrema-esquerda. Comunicações e intervenções feitas em um seminário romano de 1980 foram reunidas num volume intitulado *I limiti della democrazia*.[12] Muito conhecido e discutido o pequeno livro de C. B. Macpherson, *The Real World of Democracy* (várias edições desde 1965). Recente, *L'eclissi della democrazia*, de Piero Barcellona. Enquanto escrevo estas páginas, ferve o debate no parlamento italiano em torno de uma mensagem do presidente da república sobre as reformas constitucionais: um jornal a ela se referiu falando de "sonho da democracia". Para terminar, *O futuro da democracia* (título, cá entre nós, não muito original) está entre *La democrazia in cammino*, de Maria Luisa Cicalese, a propósito do diálogo político entre Stuart Mill e Tocqueville (Milão, Franco Angeli, 1988), e *La democrazia difficile*, de Danilo Zolo (Roma, Editori Riuniti, 1989). Mas como não se pode separar o futuro do passado, seja-me permitido, para concluir esta rápida incursão, recordar a primeira ampla, documentada e benemérita *Storia della democrazia in Europa da Montesquieu a Kelsen*, que devemos a Salvo Mastellone.[13]

Nos anos que se seguiram à publicação deste livro, ocupei-me com mais assiduidade do problema da paz, que sempre considerei como intimamente vinculado ao pro-

---

12. Publicação que tem como subtítulo *Autoritarismo e democrazia nella società moderna*, org. R. Scartezzini, L. Germani e R. Gritti, Nápoles, Liguori, 1985. No volume, inclui-se uma intervenção minha intitulada "Può sopravvivere la democrazia?", pp. 41-49.

13. Publicado pela editora Utet, Turim, 1986. Sobre ele, remeto à resenha que publiquei com o título "Due secoli di democrazia", in *Il pensiero político*, XX, nº 2, mai.-ago. de 1987, pp. 241-251.

blema do desenvolvimento da democracia. Uma paz mais estável no mundo (não me atrevo a dizer uma paz "perpétua", ainda que tenha sempre presente a famosa obra de Kant, que marcou uma etapa na história do pacifismo ativo) baseia-se na realização de duas condições: o aumento do número de Estados democráticos no sistema internacional, cujos membros ainda estão regidos, em sua maior parte, por governos não democráticos, e o avanço do processo de democratização do sistema internacional, que ainda não se completou, em que pese o fortalecimento do poder da comunidade dos Estados, previsto pelos estatutos da ONU, em comparação com o previsto pelos estatutos da Sociedade das Nações. Tendo como ponto de referência a grande dicotomia guerra-paz – que caracteriza a relação entre os Estados – o sistema internacional pode ser representado, com certa simplificação de que sou perfeitamente consciente, por meio das seguintes quatro figuras: estado anárquico, ou seja, guerra sem paz (o *bellum omnium contra omnes* do estado de natureza de Hobbes); sistema de equilíbrio entre as grandes potências, ou seja, a paz como trégua entre duas guerras; a ordem derivada do predomínio de uma potência hegemônica ou sistema de hegemonia, donde a figura da paz estável mas imposta do alto pela força, com exemplos que vão desde a *pax* romana do mundo antigo até a *pax* americana de hoje; a submissão de todos os Estados a uma ordem democrática, quer dizer, a paz ao mesmo tempo estável e baseada no livre consentimento. Conforme se estende e se reforça o sistema democrático dos Estados, são superados todos os estágios anteriores: o estado de anarquia, na medida em que a comunidade democrática dos Estados é o início de uma ordem; o estado de equilíbrio, na medida em que é uma ordem com um *tertium super partes*; a situação caracterizada pela presença de uma potência hegemônica quando o poder do *tertium super partes* repousa no consenso e não é imposto com a força.

Dos dois ensaios que escrevi sobre este assunto, "Democrazia e pace",[14] nascido de um discurso proferido em Lisboa no dia 25 de abril de 1987, e "Democrazia e sistema internazionale",[15] escrito a convite de Luigi Cortesi, incluo nesta nova edição o segundo, com algumas passagens extraídas do primeiro: o "futuro da democracia" está não apenas na ampliação do número de Estados democráticos, sobre o que chamei a atenção dos leitores linhas atrás, mas também e sobretudo no prosseguimento do processo de democratização do sistema internacional. O sistema ideal de uma paz estável pode ser expresso com esta fórmula sintética: uma ordem democrática de Estados democráticos. Não tenho necessidade de acrescentar que, como todas as fórmulas ideais, esta também pertence não à esfera do ser, mas à esfera do dever ser.

Norberto Bobbio

Turim, julho de 1991

---

14. Publicado com o título "Della democrazia tra le nazioni", in *Lettera internazionale*, V, n° 22, outono de 1989, pp. 61-64.

15. Incluído no volume miscelâneo *Democrazia, rischio nucleare, movimenti per la pace*, org. Luigi Cortesi, Nápoles, Liguori, 1989, pp. 37-52.

Premissa à edição de 1984

Reúno neste pequeno volume alguns escritos dos últimos anos sobre as chamadas "transformações" da democracia. Uso o termo "transformação" em sentido axiologicamente neutro, sem associar a ele nem um significado negativo nem um significado positivo. Prefiro falar de transformação, e não de crise, porque "crise" nos faz pensar num colapso iminente. A democracia não goza no mundo de ótima saúde, como de resto jamais gozou no passado, mas não está à beira do túmulo. Diga-se o que se disser a este respeito, a verdade é que nenhum dos regimes democráticos nascidos na Europa após a Segunda Guerra Mundial foi abatido por uma ditadura, como ocorrera após a Primeira. Ao contrário, algumas ditaduras que sobreviveram à catástrofe da guerra transformaram-se em democracias. Enquanto o mundo soviético é sacudido por frêmitos democráticos, o mundo das democracias ocidentais não está seriamente ameaçado por movimentos fascistas.

Para um regime democrático, o estar em transformação é seu estado natural: a democracia é dinâmica, o despotismo é estático e sempre igual a si mesmo. Os escritores democráticos do fim do século XVIII contrapunham a democracia moderna (representativa) à democracia dos antigos (direta). Mas não teriam hesitado em considerar o despotismo do seu tempo igual àquele do qual os escritores antigos tinham dado as primeiras descrições: pense-se em Montesquieu e em Hegel, bem como na categoria do despotismo oriental. Existe inclusive quem empregou, com ou sem razão, o conceito de despotismo oriental para explicar a situação da União Soviética. Hoje, quando falamos de democracia ocidental referimo-nos a regimes surgidos há não mais de duzentos anos, após as revoluções americana e francesa. Apesar disso, um autor muito lido inclusive na Itália, C. B. Macpherson, acredita ser possível distinguir ao menos quatro fases de desenvolvimento da democracia moderna, das origens oitocentescas aos dias de hoje.

Entre meus escritos mais recentes sobre o assunto escolhi aqueles que me pareceram de maior atualidade, ainda que não vinculados a eventos cotidianos. Coloquei no início o último em ordem temporal, e ele acabou por dar o título ao volume inteiro. Nascido originariamente como conferência proferida em novembro de 1983 no Palácio das Cortes em Madri, a convite de seu presidente, o professor Gregorio Peces-Barba, este texto foi posteriormente revisto e ampliado, transformando-se assim na comunicação de abertura que apresentei no seminário internacional *Il futuro è già cominciato* [*O futuro já começou*], realizado em Locarno em maio de 1984 por iniciativa do professor Francesco Barone. Ele apresenta sinteticamente as transformações da democracia sob a forma de "promessas não cumpridas" ou de contraste entre a democracia ideal tal como concebida por seus pais fundadores e a democracia real em que, com maior ou menor participação, devemos viver cotidianamente.

Após o debate de Locarno creio ser útil esclarecer melhor que, daquelas promessas não cumpridas — a sobrevivência do poder invisível, a permanência das oligarquias, a supressão dos corpos intermediários, a revanche da representação dos interesses, a participação interrompida, o cidadão não educado (ou mal-educado) —, algumas não podiam ser objetivamente cumpridas e eram desde o início ilusões; outras eram, mais que promessas, esperanças mal respondidas, e outras por fim acabaram por se chocar com obstáculos imprevistos. Todas são situações a partir das quais não se pode falar precisamente de "degeneração" da democracia, mas sim de adaptação natural dos princípios abstratos à realidade ou de inevitável contaminação da teoria quando forçada a submeter-se às exigências da prática. Todas, menos uma: a sobrevivência (e a robusta consistência) de um poder invisível ao lado ou sob (ou mesmo sobre) o poder visível, como acontece por exemplo na Itália. Pode-se definir a democracia das mais diversas maneiras, mas não existe definição que possa deixar de incluir em seus conotativos a visibilidade ou a transparência do poder. Elias Canetti escreveu: "O segredo está no núcleo mais interno do poder." Os construtores dos primeiros regimes democráticos propuseram-se a dar vida a uma forma de governo na qual este núcleo duro fosse definitivamente destruído (ver capítulo "A democracia e o poder invisível"). Que a permanência das oligarquias, ou das elites, no poder esteja em contraste com os ideais democráticos é algo fora de discussão. Isto não impede que haja sempre uma diferença substancial entre um sistema político no qual existem diversas elites concorrendo entre si na arena eleitoral e um sistema no qual existe apenas um único grupo de poder que se renova por cooptação. Enquanto a presença de um poder invisível corrompe a democracia, a existência de grupos de poder que se sucedem mediante eleições livres permanece, ao menos até agora, como a única forma na qual a democracia encontrou a sua concreta atuação. Assim acontece no que se refere aos limites que o uso dos procedimentos próprios da democracia encontrou ao ampliar-se em direção a centros de poder tradicionalmente autocráticos, como a empresa ou o aparato burocrático: mais que de uma falência, trata-se de um desenvolvimento não existente. No que se refere à representação dos interesses que está corroendo pouco a pouco o campo que deveria ser reservado exclusivamente à representação política, deve-se dizer que ela é, nada mais nada menos, inclusive para aqueles que a rejeitam, uma forma de democracia alternativa, que tem seu natural terreno de expansão numa sociedade capitalista onde os sujeitos da ação política tornaram-se cada vez mais os grupos organizados, sendo portanto muito diferente daquela prevista pela doutrina democrática, que não estava disposta a reconhecer qualquer ente intermediário entre os indivíduos singulares e a nação no seu todo. Se se pode falar de crise a propósito do avanço da representação dos interesses e do consequente fenômeno da multiplicação de decisões tomadas através de acordos entre as partes, ela não diz respeito tanto à democracia quanto à tradicional imagem do Estado soberano colocado acima das partes (ver capítulo "Contrato e contratualismo no debate atual"). Por fim, mais que uma promessa não cumprida, o ausente crescimento da educação para a cidadania, segundo a qual o cidadão investido do poder de eleger os próprios governantes acabaria por escolher os mais sábios, os mais honestos e os mais esclarecidos dentre os seus concidadãos, pode ser considerado como efeito da ilusão derivada de uma concepção excessivamente benévola do homem como animal político: o homem persegue o próprio interesse tanto no mercado econômico como no político. Mas ninguém pensa hoje em refutar a democracia sustentando, como vem ocorrendo há anos, que o voto é uma mercadoria que se cede ao melhor ofertante.

Naturalmente, todo este discurso apenas vale se nos atemos àquela que chamei de definição mínima de democracia, segundo a qual por regime democrático entende-se primariamente um conjunto de regras de procedimento para a formação de decisões coletivas, em que está prevista e facilitada a participação mais ampla possível dos interessados. Sei bem que tal definição procedimental,* ou formal, ou, em sentido pejorativo, formalística, parece muito pobre para os movimentos que se proclamam de esquerda. Porém, a verdade é que não existe outra definição igualmente clara e esta é a única capaz de nos oferecer um critério infalível para introduzir uma primeira grande distinção

---

*Traduzirei sempre o termo italiano *"procedurale"* pelo neologismo "procedimental", na falta de um melhor correspondente em português e para respeitar fielmente a ênfase de Bobbio sobre o tema dos *procedimentos*. Em italiano, o termo *"procedura"* está literalmente referido ao conjunto das normas a ser seguidas no desenvolvimento de um processo, nos atos de um julgamento, nas práticas administrativas, nas organizações etc. [*N. do T.*]

(independentemente de qualquer juízo de valor) entre dois tipos ideais opostos de formas de governo. Por isto, é bom desde logo acrescentar que, se se inclui no conceito geral de democracia a estratégia do compromisso entre as partes através do livre debate para a formação de uma maioria, a definição aqui proposta reflete melhor a realidade da democracia representativa (pouco importando se se trata de representação política ou dos interesses) que a realidade da democracia direta: o *referendum*, não podendo colocar os problemas a não ser sob a forma de excludência, de escolha forçada entre duas alternativas, obstaculiza o compromisso e favorece o choque, e exatamente por isto é mais adequado para dirimir controvérsias sobre princípios do que para resolver conflitos de interesse (ver capítulo "Democracia representativa e democracia direta"). É igualmente oportuno esclarecer, especialmente para quem deposita a esperança de uma transformação no nascimento dos movimentos, que a democracia como método está sim aberta a todos os possíveis conteúdos, mas é ao mesmo tempo muito exigente ao solicitar o respeito às instituições, exatamente porque neste respeito estão apoiadas todas as vantagens do método, e entre estas instituições estão os partidos políticos como os únicos sujeitos autorizados a funcionar como elos entre os indivíduos e o governo (ver capítulo "Os vínculos da democracia").

Não excluo que esta insistência nas regras, isto é, em considerações mais formais que substanciais, derive da deformação profissional de quem ensinou por décadas numa faculdade jurídica. Mas o correto funcionamento de um regime democrático apenas é possível no âmbito daquele modo de governar que, segundo uma tradição que parte dos antigos, costuma ser chamado de "governo das leis" (ver capítulo "Governo dos homens ou governo das leis?"). Retomo a minha velha ideia de que direito e poder são as duas faces de uma mesma moeda: só o poder pode criar direito e só o direito pode limitar o poder. O Estado despótico é o tipo ideal de Estado de quem se coloca do ponto de vista do poder; no extremo oposto encontra-se o Estado democrático, que é o tipo ideal de Estado de quem se coloca do ponto de vista do direito. Quando exaltavam o governo das leis em contraposição ao governo dos homens, os antigos tinham em mente leis derivadas da tradição ou forjadas pelos grandes legisladores. Hoje, quando falamos de governo das leis pensamos em primeiro lugar nas leis fundamentais, capazes de estabelecer não tanto aquilo que os governados devem fazer mas o modo como as leis devem ser elaboradas, sendo normas que vinculam, antes ainda que os cidadãos, os próprios governantes: temos em mente um governo das leis em um nível superior, no qual os próprios legisladores estão submetidos a normas vinculatórias. Um ordenamento deste gênero somente é possível se aqueles que exercem poderes em todos os níveis puderem ser controlados em última instância pelos possuidores originários do poder fundamental, os indivíduos singulares.

Jamais suficientemente advertido, contra toda tentação organicista recorrente (não estranha ao pensamento político de esquerda), que a doutrina democrática repousa sobre uma concepção individualista da sociedade. No que não difere do liberalismo, de resto (ver capítulo "Liberalismo velho e novo"). Isto explica por que a democracia moderna se desenvolveu e hoje exista apenas onde os direitos de liberdade foram constitucionalmente reconhecidos. Como é evidente, nenhuma concepção individualista da sociedade, seja a do individualismo ontológico seja a do individualismo metodológico, prescinde do fato de que o homem é um ser social e não pode viver, nem realmente vive, isolado. Mas as relações do indivíduo com a sociedade são vistas pelo liberalismo e pela democracia de modo diverso: o primeiro separa o indivíduo do corpo orgânico da comunidade e o faz viver, ao menos durante a maior parte da sua vida, fora do ventre materno, colocando-o no mundo desconhecido e repleto de perigos da luta pela sobrevivência; a segunda o reúne aos outros homens singulares, semelhantes a ele, para que da união artificial entre eles a sociedade seja recomposta não mais como um todo orgânico mas como uma associação de livres indivíduos. Do indivíduo, o primeiro põe em evidência sobretudo a capacidade de autoformar-se; a segunda exalta sobretudo a capacidade de superar o isolamento com vários expedientes que permitam a instituição de um poder finalmente não tirânico. Trata-se no fundo de dois indivíduos potencialmente diversos: como microcosmo ou totalidade em si perfeita, ou como partícula indivisível mas componível e recomponível com outras partículas semelhantes numa unidade superior.

Todos os textos aqui reunidos discutem problemas muito gerais e são (ou melhor, gostariam de ser) elementares. Foram escritos para o público que se interessa pela política, não para os especialistas no assunto. São textos que em outros tempos seriam chamados de filosofia popular. Nortearam-se por uma preocupação essencial: fazer descer a democracia do céu dos princípios para a terra onde se chocam interesses consistentes. Sempre pensei que este é o único modo de dar conta das contradições que atravessam uma sociedade democrática e das tortuosas vias que se devem seguir para delas escapar sem confundir-se, para reconhecer seus vícios congênitos sem desencorajar-se e sem perder toda a ilusão nas possibilidades de melhorá-la. Se imagino os interlocutores que gostaria, não exatamente de convencer, mas de tornar menos desconfiados, estes não são os que desdenham e combatem a democracia como o governo dos "malsucedidos", a direita reacionária perene, que ressurge continuamente sob as mais diversas vestes mas com o mesmo rancor de sempre contra os "princípios imortais". São, longe disso, os que gostariam de destruir esta nossa democracia — sempre frágil, sempre vulnerável, corruptível e frequentemente corrupta — para torná-la mais perfeita, os que, para retomar a famosa imagem hobbesiana, comportam-se como as filhas de Pélias que cortaram em pedaços o velho pai para fazê-lo renascer. Abrir o diálogo com os primeiros é correr o risco de uma pura perda de tempo. Continuá-lo com os segundos permite não perder as esperanças na força das boas razões.

Norberto Bobbio

Turim, outubro 1984.

Os escritos reunidos nesta seleção foram assim publicados: "O futuro da democracia" *in Nuova civiltà delle macchine*, II, estate, 1984, pp. 11-20; "Democracia representativa e democracia direta" *in* AA. VV., *Democrazia e partecipazione*, Stampatori, Turim, 1978, pp. 19-46; "Os vínculos da democracia" *in La politica possibile*, Tullio Pironti, Nápoles, 1983, pp. 39-61; "A democracia e o poder invisível" *in Rivista italiana di scienza politica*, X, 1980, pp. 181-203; "Liberalismo velho e novo" *in Mondoperaio*, nº 11, 1981, pp. 86-94; "Contrato e contratualismo no debate atual", *ivi*, nº 11, 1982, pp. 84-92; "Governo dos homens ou governo das leis?" *in Nuova Antologia*, nº 2.145, jan-mar 1983, pp. 135-152.

O FUTURO DA DEMOCRACIA

1. PREMISSA NÃO SOLICITADA

Convidado a apresentar uma comunicação sobre o futuro da democracia — tema sob todos os aspectos insidioso —, defendo-me com duas citações. Em suas lições sobre a filosofia da história na Universidade de Berlim, Hegel, respondendo a um estudante que dele queria saber se os Estados Unidos deveriam ser considerados o país do futuro, assim se manifestou, visivelmente irritado: "Como país do futuro, a América não me diz respeito. O filósofo não se afina com profecias (...) A filosofia ocupa-se daquilo que é eternamente, ou melhor, da razão, e com isto já temos muito o que fazer."[1] Na sua célebre conferência, proferida aos estudantes da Universidade de Mônaco no final da guerra, sobre a ciência como vocação, Max Weber assim respondeu aos seus ouvintes que lhe pediam insistentemente um parecer sobre o futuro da Alemanha: "A cátedra não existe nem para os demagogos nem para os profetas."[2]

---

1. G. W. Hegel, *Vorlesungen uber die Philosophie der Geschichte, I: Die Vernunft in der Geschichte*, Meiner, Leipzig, 1917, p. 200.
2. Max Weber, "La scienza come professione", *in Il lavoro intellettuale come professione*, Einaudi, Turim, 1948, p. 64. [Trad. bras. *Politica e ciência. Duas vocações*. São Paulo: Cultrix].

Mesmo quem não aceite os argumentos apresentados por Hegel e Weber e os considere somente um pretexto, deverá reconhecer que o ofício de profeta é perigoso. A dificuldade de conhecer o futuro depende também do fato de que cada um de nós projeta no futuro as próprias aspirações e inquietações, enquanto a história prossegue seu curso indiferente às nossas preocupações, um curso aliás formado por milhões e milhões de pequenos, minúsculos, atos humanos que nenhuma mente, mesmo a mais potente, jamais esteve em condições de apreender numa visão de conjunto que não tenha sido excessivamente esquemática e portanto pouco convincente. É por isto que as previsões feitas pelos grandes mestres do pensamento sobre o curso do mundo acabaram por se revelar, no final das contas, quase sempre erradas, a começar daquelas feitas por aquele que boa parte da humanidade considerou e ainda considera o fundador de uma nova e infalível ciência da sociedade, Karl Marx.

Para dar-lhes brevemente a minha opinião, se me perguntassem se a democracia tem um porvir e qual é ele, admitindo-se que exista, responderia tranquilamente que não o sei. Nesta comunicação, meu propósito é pura e simplesmente fazer algumas observações sobre o estado atual dos regimes democráticos, e com isto, para retomar o mote de Hegel, creio que temos todos nós muito o que fazer. Se, depois, for possível extrapolar destas observações uma linha de tendência no desenvolvimento (ou na involução) destes regimes, e assim tentar um cuidadoso prognóstico sobre o seu futuro, tanto melhor.

2. UMA DEFINIÇÃO MÍNIMA DE DEMOCRACIA

Afirmo preliminarmente que o único modo de se chegar a um acordo quando se fala de democracia, entendida como contraposta a todas as formas de governo autocrático, é o de considerá-la caracterizada por um conjunto de regras (primárias ou fundamentais) que estabelecem *quem* está autorizado a tomar as decisões coletivas e com quais *procedimentos*. Todo grupo social está obrigado a tomar decisões que vinculem o conjunto de seus membros com o objetivo de prover a própria sobrevivência, tanto interna como externamente.[3] Mas até mesmo as decisões de grupo são tomadas por indivíduos (o grupo como tal não decide). Por isto, para que uma decisão tomada por indivíduos (um, poucos, muitos, todos) possa ser aceita como decisão coletiva é preciso que seja tomada com base em regras (não importa se escritas ou consuetudinárias) que estabeleçam quais são os indivíduos autorizados a tomar as decisões vinculatórias para todos os membros do grupo, e à base de quais procedimentos. No que diz respeito aos sujeitos chamados a tomar (ou a colaborar para a tomada de)

---

3. Sobre este ponto remeto ao meu ensaio "Decisioni individuali e collettive", *in Ricerche politiche due (Identità, interesse e scelte collettive)*, Il Saggiatore, Milão, 1983, pp. 9-30.

O FUTURO DA DEMOCRACIA | 35

decisões coletivas, um regime democrático caracteriza-se por atribuir este poder (que estando autorizado pela lei fundamental torna-se um direito) a um número muito elevado de membros do grupo. Percebo que "número muito elevado" é uma expressão vaga. No entanto, os discursos políticos inscrevem-se no universo do "aproximadamente" e do "na maior parte das vezes" e, além disto, é impossível dizer "todos" porque mesmo no mais perfeito regime democrático não votam os indivíduos abaixo de certa idade. A onicracia, como governo de todos, é um ideal-limite. Estabelecer o número dos que têm direito ao voto a partir do qual se pode começar a falar de regime democrático é algo que não pode ser feito em linha de princípio, ou seja, sem a consideração das circunstâncias históricas e sem um juízo comparativo: pode-se dizer apenas que uma sociedade na qual os que têm direito ao voto são os cidadãos masculinos maiores de idade é mais democrática que aquela na qual votam apenas os proprietários e é menos democrática que aquela em que têm direito ao voto também as mulheres. Quando se diz que no século passado ocorreu em alguns países um contínuo processo de democratização, quer-se dizer que o número dos indivíduos com direito ao voto sofreu um progressivo alargamento.

Quanto às modalidades de decisão, a regra fundamental da democracia é a regra da maioria, ou seja, a regra à base da qual são consideradas decisões coletivas — e, portanto, vinculatórias para todo o grupo — as decisões aprovadas ao menos pela maioria daqueles a quem compete tomar a decisão. Se é válida uma decisão adotada por maioria, com maior razão ainda é válida uma decisão adotada por unanimidade.[4] Mas a unanimidade é possível apenas num grupo restrito ou homogêneo, e pode ser exigida em dois casos extremos e contrapostos: ou no caso de decisões muito graves em que cada um dos participantes tem direito de veto, ou no caso de decisões de escassa importância em que se declara de acordo quem não se opõe expressamente (é o caso do consenso tácito). Naturalmente a unanimidade é necessária quando os que decidem são apenas dois, o que distingue com clareza a decisão concordada daquela adotada por lei (que habitualmente é aprovada por maioria).

No entanto, mesmo para uma definição mínima de democracia, como é a que aceito, não bastam nem a atribuição a um elevado número de cidadãos do direito de participar direta ou indiretamente da tomada de decisões coletivas, nem a existência de regras de procedimento como a da maioria (ou, no limite, da unanimidade). É indispensável uma terceira condição: é preciso que aqueles que são chamados a decidir ou a eleger os que deverão decidir sejam colocados diante de alternativas reais e postos em condição de poder escolher entre

---

4. Ocupei-me mais amplamente deste tema no artigo "La regola della maggioranza: limiti e aporie", *in* AA. VV., *Democrazia, maggioranza e minoranza*, Il Mulino, Bolonha, 1981, pp. 33-72; e em "La regola di maggioranza e i suoi limiti", *in* AA. VV., *Soggetti e potere. Un dibattito su società civile e crisi della politica*, Bibliopolis, Nápoles, 1983, pp. 11-23.

uma e outra. Para que se realize esta condição, é necessário que aos chamados a decidir sejam garantidos os assim denominados direitos de liberdade, de opinião, de expressão das próprias opiniões, de reunião, de associação etc. — os direitos à base dos quais nasceu o Estado liberal e foi construída a doutrina do Estado de direito em sentido forte; isto é, do Estado que não apenas exerce o poder *sub lege*, mas o exerce dentro de limites derivados do reconhecimento constitucional dos direitos "invioláveis" do indivíduo. Seja qual for o fundamento filosófico destes direitos, eles são o pressuposto necessário para o correto funcionamento dos próprios mecanismos predominantemente procedimentais que caracterizam um regime democrático. As normas constitucionais que atribuem estes direitos não são exatamente regras do jogo: são regras preliminares que permitem o desenrolar do jogo.

Disto segue que o Estado liberal é o pressuposto não só histórico mas jurídico do Estado democrático. Estado liberal e Estado democrático são interdependentes em dois modos: na direção que vai do liberalismo à democracia, no sentido de que são necessárias certas liberdades para o exercício correto do poder democrático, e na direção oposta que vai da democracia ao liberalismo, no sentido de que é necessário o poder democrático para garantir a existência e a persistência das liberdades fundamentais. Em outras palavras: é pouco provável que um Estado não liberal possa assegurar um correto funcionamento da democracia, e de outra parte é pouco provável que um Estado não democrático seja capaz de garantir as liberdades fundamentais. A prova histórica desta interdependência está no fato de que Estado liberal e Estado democrático, quando caem, caem juntos.

3. Os ideais e a "matéria bruta"

Esta referência aos princípios me permite entrar por inteiro no assunto, fazendo, como afirmei antes, algumas observações sobre a situação atual da democracia. Trata-se de um tema que normalmente é discutido sob o nome de "transformações da democracia". Se recolhêssemos tudo o que foi escrito sobre as transformações da democracia ou sobre a democracia em transformação teríamos material suficiente para lotar uma biblioteca. Mas a palavra "transformação" é vaga o bastante para consentir as mais diversas avaliações: à direita (penso por exemplo no livro de Vilfredo Pareto, *Transformazione della democrazia*, de 1920,[5] verdadeiro carro-chefe de uma longa e ininterrupta série de lamentações sobre a crise da civilização), a democracia transformou-se num regime semianárquico predestinado a ter como consequência o "estilhaçamento" do Estado; à esquerda (penso por exemplo num livro como o de Johannes Agnoli, *Die Transformationen der Demokratie*, de 1967,

---

5. Vilfredo Pareto, *Transformazione della democrazia*, Corbaccio, Milão, 1920, reunião de artigos publicados na *Rivista di Milano* entre maio e julho de 1920. O livro de Agnoli, publicado em 1967, foi traduzido em italiano por Feltrinelli, Milão, 1969.

típica expressão de crítica extraparlamentar), a democracia parlamentar está se transformando cada vez mais num regime autocrático. Mais que sobre a transformação, parece-me mais útil concentrar nossa reflexão sobre o contraste entre os ideais democráticos e a "democracia real" (expressão que uso no mesmo sentido de "socialismo real"). Algum tempo atrás, um meu ouvinte chamou minha atenção para as palavras conclusivas que Pasternak põe na boca de Gordon, o amigo do doutor Jivago: "Aconteceu mais vezes na história. O que foi concebido como nobre e elevado tornou-se matéria bruta. Assim a Grécia tornou-se Roma, assim o iluminismo russo tornou-se a revolução russa."[6] Assim, acrescento, o pensamento liberal e democrático de um Locke, de um Rousseau, de um Tocqueville, de um Bentham e de um John Stuart Mill tornou-se a ação de... (coloquem vocês o nome que preferirem; tenho certeza de que não terão dificuldade para encontrar mais de um). É exatamente desta "matéria bruta" e não do que foi concebido como "nobre e elevado" que devemos falar; em outras palavras, devemos examinar o contraste entre o que foi prometido e o que foi efetivamente realizado. Destas promessas não cumpridas indicarei seis.

---

6. Boris L. Pasternak, Il *dottor Zivago*, Feltrinelli, Milão, 1957, p. 673.

4. O nascimento da sociedade pluralista

A democracia nasceu de uma concepção individualista da sociedade, isto é, da concepção para a qual — contrariamente à concepção orgânica, dominante na idade antiga e na idade média, segundo a qual o todo precede as partes — a sociedade, qualquer forma de sociedade, e especialmente a sociedade política, é um produto artificial da vontade dos indivíduos. Para a formação da concepção individualista da sociedade e do Estado e para a dissolução da concepção orgânica concorreram três eventos que caracterizam a filosofia social da idade moderna: *a*) o contratualismo do Seiscentos e do Setecentos, que parte da hipótese de que antes da sociedade civil existe o estado de natureza, no qual soberanos são os indivíduos singulares livres e iguais, que entram em acordo entre si para dar vida a um poder comum capaz de cumprir a função de garantir-lhes a vida e a liberdade (bem como a propriedade); *b*) o nascimento da economia política, vale dizer, de uma análise da sociedade e das relações sociais cujo sujeito é ainda uma vez o indivíduo singular, o *homo oeconomicus* e não o *politikón zôon* da tradição, que não é considerado em si mesmo mas apenas como membro de uma comunidade, o indivíduo singular que, segundo Adam Smith, "ao perseguir o próprio interesse, frequentemente promove aquele da sociedade de modo mais eficaz do que se pretendesse realmente promovê-lo" (de resto é conhecida a recente interpretação de Macpherson segundo a qual o estado de natureza de Hobbes e de Locke é uma prefiguração da sociedade de mercado);[7] c) a filosofia utilitarista de Bentham a Mill, para a qual o único critério capaz de fundar uma ética objetivista, e portanto distinguir o bem do mal sem recorrer a conceitos vagos como "natureza" e outros, é o de partir da consideração de estados essencialmente individuais, como o prazer e a dor, e de resolver o problema tradicional do bem comum na soma dos bens individuais ou, segundo a fórmula benthamiana, na felicidade do maior número.

Partindo da hipótese do indivíduo soberano que, entrando em acordo com outros indivíduos igualmente soberanos, cria a sociedade política, a doutrina democrática tinha imaginado um Estado sem corpos intermediários, característicos da sociedade corporativa das cidades medievais e do Estado de estamentos ou de ordens anterior à afirmação das monarquias absolutas, uma sociedade política na qual entre o povo soberano composto por tantos indivíduos (uma cabeça, um voto) e os seus representantes não existem as sociedades particulares desprezadas por Rousseau e canceladas pela lei Le Chapelier (revogada na França apenas em 1887). O que aconteceu nos Estados democráticos foi exatamente o oposto: sujeitos politicamente relevantes tornaram-se sempre mais os grupos, grandes organizações, associações da mais diversa natureza, sindicatos das mais diversas profissões, partidos das mais diversas ideologias, e sempre menos os indivíduos. Os grupos e

---

7. Refiro-me ao conhecido livro de C. B. Macpherson, *The Political Theory of Possessive Individualism*, Clarendon Press, Oxford, 1962. [Trad. bras. *A teoria política do liberalismo possessivo*. Rio de Janeiro: Paz e Terra, 1979.]

não os indivíduos são os protagonistas da vida política numa sociedade democrática, na qual não existe mais um soberano, o povo ou a nação, composto de indivíduos que adquiriram o direito de participar direta ou indiretamente do governo, na qual não existe mais o povo como unidade ideal (ou mística), mas apenas o povo dividido de fato em grupos contrapostos e concorrentes, com a sua relativa autonomia diante do governo central (autonomia que os indivíduos singulares perderam ou que só tiveram num modelo ideal de governo democrático sempre desmentido pelos fatos).

O modelo ideal da sociedade democrática era o de uma sociedade centrípeta. A realidade que temos diante dos olhos é a de uma sociedade centrífuga, que não tem apenas um centro de poder (a vontade geral de Rousseau) mas muitos, merecendo por isto o nome, sobre o qual concordam os estudiosos da política, de sociedade policêntrica ou poliárquica (ou ainda, com uma expressão mais forte mas não de tudo incorreta, policrática). O modelo do Estado democrático fundado na soberania popular, idealizado à imagem e semelhança da soberania do príncipe, era o modelo de uma sociedade monística. A sociedade real, subjacente aos governos democráticos, é pluralista.

5. Revanche dos interesses

Desta primeira transformação (primeira no sentido de que diz respeito à distribuição do poder) derivou a segunda, relativa à representação. A democracia moderna, nascida como democracia representativa em contraposição à democracia dos antigos, deveria ser caracterizada pela representação política, isto é, por uma forma de representação na qual o representante, sendo chamado a perseguir os interesses da nação, não pode estar sujeito a um mandato vinculado. O princípio sobre o qual se funda a representação política é a antítese exata do princípio sobre o qual se funda a representação dos interesses, no qual o representante, devendo perseguir os interesses particulares do representado, está sujeito a um mandato vinculado (típico do contrato de direito privado que prevê a revogação por excesso de mandato). Um dos debates mais célebres e historicamente mais significativos que se desenrolaram na Assembleia Constituinte francesa, da qual nasceu a constituição de 1791, foi o que assistiu ao triunfo daqueles que sustentaram que o deputado, uma vez eleito, tornava-se o representante da nação e deixava de ser o representante dos eleitores: como tal, não estava vinculado a nenhum mandato. O mandato livre fora uma prerrogativa do rei, que, convocando os Estados-Gerais, pretendera que os delegados das ordens não fossem enviados à Assembleia com *pouvoirs restrictifs*.[8] Expressão

---

8. Para uma ampla documentação ver P. Violante, *Lo spazio della rappresentanza, I: Francia 1788-1789*, Mozzone, Palermo, 1981.

cabal da soberania, o mandato livre foi transferido da soberania do rei para a soberania da Assembleia eleita pelo povo. Desde então a proibição de mandatos imperativos tornou-se uma regra constante de todas as constituições de democracia representativa e a defesa intransigente da representação política sempre encontrou convictos seguidores entre os partidários da democracia representativa contra as tentativas de substituí-la ou de combiná-la com a representação dos interesses.

Jamais uma norma constitucional foi mais violada que a da proibição de mandato imperativo. Jamais um princípio foi mais desconsiderado que o da representação política. Mas numa sociedade composta de grupos relativamente autônomos que lutam pela supremacia, para fazer valer os próprios interesses contra outros grupos, uma tal norma, um tal princípio, podem de fato encontrar realização? Além do fato de que cada grupo tende a identificar o interesse nacional com o interesse do próprio grupo, será que existe algum critério geral capaz de permitir a distinção entre o interesse geral e o interesse particular deste ou daquele grupo, ou entre o interesse geral e a combinação de interesses particulares que entram em acordo entre si em detrimento de outros? Quem representa interesses particulares tem sempre um mandato imperativo. E onde podemos encontrar um representante que não represente interesses particulares? Certamente não nos sindicatos, dos quais entre outras coisas depende a estipulação de acordos — como os acordos nacionais sobre a organização e sobre o custo do trabalho — que têm enorme relevância política. No parlamento? Mas o que representa a disciplina partidária se não uma aberta violação da proibição de mandatos imperativos? Aqueles que de vez em quando fogem à disciplina partidária aproveitando-se do voto secreto não são por acaso tachados de "franco-atiradores", isto é, tratados como réprobos a ser submetidos à pública reprovação? A proibição de mandato imperativo, além do mais, é uma regra sem sanção. Ao contrário: a única sanção temida pelo deputado que depende do apoio do partido para se reeleger é a derivada da transgressão da regra oposta, que o obriga a considerar-se vinculado ao mandato recebido do próprio partido.

Uma confirmação da revanche (ousaria dizer definitiva) da representação dos interesses sobre a representação política é o tipo de relação que se vem instaurando na maior parte dos Estados democráticos europeus entre os grandes grupos de interesses contrapostos (representantes respectivamente dos industriais e dos operários) e o parlamento, uma relação que deu lugar a um novo tipo de sistema social que foi chamado, com ou sem razão, de neocorporativo.[9] Tal sistema é caracterizado por uma relação triangular na qual o governo, idealmente representante dos interesses nacionais, intervém unicamente como mediador entre as partes sociais e, no máximo, como garantidor (geral-

---

9. Refiro-me em particular ao debate que se está desenvolvendo com crescente intensidade, inclusive na Itália, em torno das teses de Philippe Schmitter. Ver, a respeito, a antologia *La società neo-corporativa*, org. M. Maraffi. Bolonha Il Mulino, 1981, e o livro escrito a duas mãos por L. Bordogna e G. Provasi, *Politica, economia e rappresentanza degli interessi*, Bolonha, Il Mulino, 1984.

mente impotente) do cumprimento do acordo. Aqueles que elaboraram, há cerca de dez anos, este modelo — que hoje ocupa o centro do debate sobre as "transformações" da democracia — definiram a sociedade neocorporativa como uma forma de solução dos conflitos sociais que se vale de um procedimento (o acordo entre grandes organizações) que nada tem a ver com a representação política e é, ao contrário, uma expressão típica de representação dos interesses.

6. Persistência das oligarquias

Considero como terceira promessa não cumprida a derrota do poder oligárquico. Não preciso insistir ainda sobre este ponto, pois se trata de um tema muito examinado e pouco controverso, ao menos desde quando no fim do século XIX Gaetano Mosca expôs sua teoria da classe política, chamada, por influência de Pareto, de teoria das elites. O princípio inspirador do pensamento democrático sempre foi a liberdade entendida como autonomia, isto é, como capacidade de dar leis a si própria, conforme a famosa definição de Rousseau, que deveria ter como consequência a perfeita identificação entre quem dá e quem recebe uma regra de conduta e, portanto, a eliminação da tradicional distinção entre governados e governantes sobre a qual fundou-se todo o pensamento político. A democracia representativa, que é a única forma de democracia existente e em funcionamento, é já por si mesma uma renúncia ao princípio da liberdade como autonomia. A hipótese de que a futura computadorcracia, como tem sido chamada, permita o exercício da democracia direta, isto é, dê a cada cidadão a possibilidade de transmitir o próprio voto a um cérebro eletrônico, é uma hipótese absolutamente pueril. A julgar pelas leis promulgadas a cada ano na Itália, o bom cidadão deveria ser convocado para exprimir o próprio voto ao menos uma vez por dia. O excesso de participação, produto do fenômeno que Dahrendorf chamou depreciativamente de cidadão total, pode ter como efeito a saciedade de política e o aumento da apatia eleitoral.[10] O preço que se deve pagar pelo empenho de poucos é frequentemente a indiferença de muitos. Nada ameaça mais matar a democracia que o excesso de democracia.

Naturalmente, a presença de elites no poder não elimina a diferença entre regimes democráticos e regimes autocráticos. Sabia disso inclusive Mosca, um conservador que se declarava liberal mas não democrático e que imaginou uma complexa tipologia das formas de governo com o objetivo de mostrar que, apesar de não eliminarem jamais as oligarquias no poder, as diversas formas de governo distinguem-se com base na sua diversa formação e organização. Mas desde que parti de uma definição predominantemente procedimental de democracia, não se pode esquecer que um dos impulsionadores desta interpretação, Joseph Schumpeter, acertou em cheio quando sustentou que a ca-

---

10. Refiro-me a Raif Dahrendorf, *Il Cittadino totale*, Turim, Centro di ricerca e di documentazione Luigi Einaudi, 1977, pp. 35-59.

racterística de um governo democrático não é a ausência de elites mas a presença de muitas elites em concorrência entre si para a conquista do voto popular. No recente livro de Macpherson, *A vida e os tempos da democracia liberal*,[11] são diferenciadas quatro fases no desenvolvimento da democracia do século XIX a hoje: a fase atual, definida como "democracia de equilíbrio", corresponde à definição de Schumpeter. Anos atrás, um elitista italiano, intérprete de Mosca e Pareto, distinguiu de maneira sintética — e a meu ver incisiva — as elites que se impõem das elites que se propõem.[12]

7. O ESPAÇO LIMITADO

Se a democracia não consegue derrotar por completo o poder oligárquico, é ainda menos capaz de ocupar todos os espaços nos quais se exerce um poder que toma decisões vinculatórias para um inteiro grupo social. A este ponto, a distinção que entra em jogo não é mais aquela entre poder de poucos e de muitos, mas aquela entre poder ascendente e poder descendente. Por isto, dever-se-ia falar aqui mais de inconsequência que de irrealização, já que a democracia moderna nasceu como método de legitimação e de controle das decisões políticas em sentido es-

---

11. C. B. Macpherson, *The Life and Times of Liberal Democracy*, Oxford, Oxford University Press, 1977.
12. Refiro-me ao livro de F. Burzio, *Essenza e attualità del liberalismo*, Turim, Utet, 1945, p. 19.

trito, ou do "governo" propriamente dito (seja ele nacional ou local), no qual o indivíduo é considerado em seu papel geral de cidadão e não na multiplicidade de seus papéis específicos de fiel de uma igreja, de trabalhador, de estudante, de soldado, de consumidor, de doente etc. Após a conquista do sufrágio universal, se ainda é possível falar de uma extensão do processo de democratização, esta deveria revelar-se não tanto na passagem da democracia representativa para a democracia direta, como habitualmente se afirma, quanto na passagem da democracia política para a democracia social — não tanto na resposta à pergunta "Quem vota?", mas na resposta a esta outra pergunta: "Onde se vota?" Em outros termos, quando se quer saber se houve um desenvolvimento da democracia num dado país o certo é procurar perceber se aumentou não o número dos que têm o direito de participar nas decisões que lhes dizem respeito, mas os espaços nos quais podem exercer este direito. Até que os dois grandes blocos de poder situados nas instâncias superiores das sociedades avançadas, a empresa e o aparato administrativo, não sejam dissolvidos pelo processo de democratização — deixando-se de lado a questão de saber se isto é não só possível mas sobretudo desejável —, o processo de democratização não pode ser dado por concluído.

No entanto, parece-me de certo interesse observar que em alguns destes espaços não políticos (no sentido tradicional da palavra), por exemplo na fábrica, deu-se algumas vezes a proclamação de certos direitos de liberdade no âmbito do específico sistema de poder, analogamente ao que ocorreu com as declarações dos direitos do cidadão em relação ao sistema do poder político: refiro-me, por exemplo, ao Estatuto dos Trabalhadores, promulgado na Itália em 1970, e às iniciativas posteriores para a proclamação de uma carta dos direitos do doente. Inclusive no que diz respeito às prerrogativas do cidadão diante do Estado, a concessão de direitos de liberdade precedeu a concessão de direitos políticos. Como já afirmei ao falar da relação entre Estado liberal e Estado democrático, a concessão dos direitos políticos foi uma consequência natural da concessão dos direitos de liberdade, pois a única garantia de respeito aos direitos de liberdade está no direito de controlar o poder ao qual compete esta garantia.

8. O PODER INVISÍVEL

A quinta promessa não cumprida pela democracia real em contraste com a ideal é a da eliminação do poder invisível.[13] Diferentemente da relação entre democracia e poder oligárquico, a respeito da qual a literatura é riquíssima, o tema do poder invisível foi até agora muito pouco explorado (inclusive porque escapa das técnicas de pesquisa adotadas habitualmente pelos sociólogos, tais como entrevistas, levantamentos de opinião etc.). Talvez eu esteja particularmente influenciado por aquilo que acontece na Itália,

---

13. Ocupei-me deste assunto alguns anos atrás num artigo intitulado "La democrazia e il potere invisibile", in *Rivista italiana di scienza politica*, X (1980), pp. 181-203, texto agora reunido no presente livro.

onde a presença do poder invisível (máfia, camorra, lojas maçônicas anômalas, serviços secretos incontroláveis e acobertadores dos subversivos que deveriam combater) é, permitam-me o jogo de palavras, visibilíssima. A verdade porém é que o tratamento mais amplo do tema foi por mim encontrado, até agora, no livro de um estudioso americano, Alan Wolfe, *Os limites da legitimidade*,[14] que dedica um bem documentado capítulo ao que denomina de "duplo Estado", duplo no sentido de que ao lado de um Estado visível existiria sempre um Estado invisível. Como é bem conhecido, a democracia nasceu com a perspectiva de eliminar para sempre das sociedades humanas o poder invisível e de dar vida a um governo cujas ações deveriam ser desenvolvidas publicamente, *"au grand jour"* (para usar a expressão de Maurice Joly.[15]) Modelo da democracia moderna foi a democracia dos antigos, de modo particular a da pequena cidade de Atenas, nos felizes momentos em que o povo se reunia na ágora e tomava livremente, à luz do sol, as próprias decisões, após ter ouvido os oradores que ilustravam os diversos pontos de vista. Para denegri-la, Platão (que era um antidemocrático) chamou-a de "teatrocracia" (palavra que se encontra, não por acaso, também em Nietzsche). Uma das razões da superioridade da democracia diante dos Estados absolutos, que tinham re-

---

14. Alan Wolfe, *The Limits of Legitimacy. Political Contradictions of Contemporary Capitalism*, The Free Press, Nova York, 1977.

15. M. Joly, *Dialogue aux enfers entre Machiavel et Montesquieu ou la politique de Machiavel au XIXe siècle par un contemporain*, "chez tous les libraires", Bruxelas, 1868.

valorizado os *arcana imperii** e defendiam com argumentos históricos e políticos a necessidade de fazer com que as grandes decisões políticas fossem tomadas nos gabinetes secretos, longe dos olhares indiscretos do público, funda-se na convicção de que o governo democrático poderia finalmente dar vida à transparência do poder, ao "poder sem máscara".

No "Apêndice" à *Paz Perpétua*, Kant enunciou e ilustrou o princípio fundamental segundo o qual "todas as ações relativas ao direito de outros homens cuja máxima não é suscetível de se tornar pública são injustas",[16] querendo com isto dizer que uma ação que sou forçado a manter secreta é certamente não apenas uma ação injusta, mas sobretudo uma ação que se fosse tornada pública suscitaria uma reação tão grande que tornaria impossível a sua execução: que Estado, para usar o exemplo dado pelo próprio Kant, poderia declarar publicamente, no momento exato em que firma um tratado internacional, que não o cumprirá? Que funcionário público pode afirmar em público que usará o dinheiro público para interesses privados? Desta delimitação do problema resulta que a exigência de publicidade dos atos de governo é importante não apenas, como se costuma dizer, para permitir ao cidadão conhecer os atos de quem detém o poder e assim controlá-los, mas também porque a publicidade é por si mesma uma forma de controle, um expediente que permite distinguir o que é

---

* Em latim no original: autoridades ocultas, misteriosas. [*N. do T.*]

16. I. Kant, *Zum ewigen Frieden*, Apêndice II, *in Kleinere Schriften zur Geschichtsphilosophie, Ethik und Politik*, Meinrer, Leipzig, 1913, p. 163.

lícito do que não é. Não por acaso, a política dos *arcana imperii* caminhou simultaneamente com as teorias da razão de Estado, isto é, com as teorias segundo as quais é lícito ao Estado o que não é lícito aos cidadãos privados, ficando o Estado portanto obrigado a agir em segredo para não provocar escândalo. (Para dar uma ideia do excepcional poderio do tirano, Platão afirma que apenas ao tirano é lícito praticar em público os atos escandalosos que os comuns mortais só em sonho imaginam realizar.)[17]

Inútil dizer que o controle público do poder é ainda mais necessário numa época como a nossa, na qual aumentaram enormemente e são praticamente ilimitados os instrumentos técnicos de que dispõem os detentores do poder para conhecer capilarmente tudo o que fazem os cidadãos. Se manifestei alguma dúvida de que a computadorcracia possa vir a beneficiar a democracia governada, não tenho dúvida nenhuma sobre os serviços que poderá prestar à democracia governante. O ideal do poderoso sempre foi o de ver cada gesto e escutar cada palavra dos que estão a ele submetidos (se possível sem ser visto nem ouvido): hoje este ideal é alcançável. Nenhum déspota da Antiguidade, nenhum monarca absoluto da idade moderna, apesar de cercado por mil espiões, jamais conseguiu ter sobre seus súditos todas as informações que o mais democrático dos governos atuais pode obter com o uso dos cérebros eletrônicos. A velha pergunta que percorre toda a história do pensamento político — *Quis custodiet ipsos cus-*

---

17. Platão, *Repubblica*, 571cd.

todes? [Quem vigia os vigilantes] — hoje pode ser repetida com esta outra fórmula: "Quem controla os controladores?" Se não conseguir encontrar uma resposta adequada para esta pergunta, a democracia, como advento do governo visível, está perdida. Mais que de uma promessa não cumprida, estaríamos aqui diretamente diante de uma tendência contrária às premissas: a tendência não ao máximo controle do poder por parte dos cidadãos, mas ao máximo controle dos súditos por parte do poder.

9. O CIDADÃO NÃO EDUCADO

A sexta promessa não cumprida diz respeito à educação para a cidadania. Nos dois últimos séculos, nos discursos apologéticos sobre a democracia, jamais esteve ausente o argumento segundo o qual o único modo de fazer com que um súdito se transforme em cidadão é o de lhe atribuir aqueles direitos que os escritores de direito público do século passado tinham chamado de *activae civitatis*;* com isso, a educação para a democracia surgiria no próprio exercício da prática democrática. Concomitantemente, não antes: não antes como prescreve o modelo jacobino, segundo o qual primeiro vem a ditadura revolucionária e apenas depois, num segundo tempo, o reino da virtude. Não, para o bom democrata, o reino da virtude (que para Montesquieu constituía o princípio da democracia contra-

---

*Em latim no original: cidadania ativa, direitos do cidadão. [*N. do T.*]

posto ao medo, princípio do despotismo) é a própria democracia, que, entendendo a virtude como amor pela coisa pública, dela não pode privar-se e ao mesmo tempo a promove, a alimenta e reforça. Um dos trechos mais exemplares a este respeito é o que se encontra no capítulo sobre a melhor forma de governo das *Considerações sobre o governo representativo* de John Stuart Mill, na passagem em que ele divide os cidadãos em ativos e passivos e esclarece que, em geral, os governantes preferem os segundos (pois é mais fácil dominar súditos dóceis ou indiferentes), mas a democracia necessita dos primeiros. Se devessem prevalecer os cidadãos passivos, ele conclui, os governantes acabariam prazeirosamente por transformar seus súditos num bando de ovelhas dedicadas tão somente a pastar o capim uma ao lado da outra (e a não reclamar, acrescento eu, nem mesmo quando o capim é escasso).[18] Isto o levava a propor a extensão do sufrágio às classes populares, com base no argumento de que um dos remédios contra a tirania das maiorias encontra-se exatamente na promoção da participação eleitoral não só das classes acomodadas (que constituem sempre uma minoria e tendem naturalmente a assegurar os próprios interesses exclusivos), mas também das classes populares. Stuart Mill dizia: a participação eleitoral tem um grande valor educativo; é através da discussão política que o operário, cujo trabalho é repetitivo e

---

18. J. S. Mill, *Considerations on Representative Government, in Collected Papers of John Stuart Mill,* University of Toronto Press, Routledge and Kegan Paul, vol. XIX, Londres, 1977, p. 406. [Trad. bras. Brasília: Editora Universidade de Brasília, 1982.]

concentrado no horizonte mesmo da fábrica, consegue compreender a conexão existente entre eventos distantes e seu interesse pessoal e estabelecer relações com cidadãos diferentes daqueles com os quais mantém relações cotidianas, tornando-se assim membro consciente de uma comunidade.[19] A educação para a cidadania foi um dos temas preferidos da ciência política americana nos anos 1950, um tema tratado sob o rótulo da "cultura política" e sobre o qual foram gastos rios de tinta que rapidamente perdeu a cor: das tantas distinções, recordo aquela estabelecida entre cultura para súditos, isto é, orientada para os *output* do sistema (para os benefícios que o eleitor espera extrair do sistema político), e cultura participante, isto é, orientada para os *imput*, própria dos eleitores que se consideram potencialmente empenhados na articulação das demandas e na formação das decisões.

Olhemos ao redor. Nas democracias mais consolidadas assistimos impotentes ao fenômeno da apatia política, que frequentemente chega a envolver cerca da metade dos que têm direito ao voto. Do ponto de vista da cultura política, estas são pessoas que não estão orientadas nem para os *output* nem para os *input*. Estão simplesmente desinteressadas daquilo que, como se diz na Itália com uma feliz expressão, acontece no "palácio". Sei bem que também podem ser dadas interpretações benévolas da apatia política. Mas mesmo as interpretações mais benévolas não conseguem tirar-me da mente que os grandes escritores demo-

---

19. *Ibid*, p. 470.

cráticos recusar-se-iam a reconhecer na renúncia ao uso do próprio direito um benéfico fruto da educação para a cidadania. Nos regimes democráticos, como é o italiano, onde a porcentagem dos votantes é ainda muito alta (embora diminua a cada eleição), existem boas razões para se acreditar que esteja em diminuição o voto de opinião e em aumento o voto de permuta [*voto di scambio*], o voto, para usar a terminologia asséptica dos *political scientists*, orientado para os *output*, ou, para usar uma terminologia mais crua mas talvez menos mistificadora, o voto clientelar, fundado (frequentemente de maneira ilusória) sobre o *do ut des* (apoio político em troca de favores pessoais). Também para o voto de permuta podem ser dadas interpretações benévolas. Mas não posso deixar de pensar em Tocqueville que, num discurso à Câmara dos Deputados (em 27 de janeiro de 1848), lamentando a degeneração dos costumes públicos em decorrência da qual "as opiniões, os sentimentos, as ideias comuns são cada vez mais substituídas pelos interesses particulares", perguntava-se "se não havia aumentado o número dos que votam por interesses pessoais e diminuído o voto de quem vota à base de uma opinião política", denunciando esta tendência como expressão de uma "moral baixa e vulgar" segundo a qual "quem usufrui dos direitos políticos pensa em deles fazer uso pessoal em função do próprio interesse".[20]

---

20. Alexis de Tocqueville, "Discorso sulla rivoluzione sociale", *in Scritti politici*, a cura di N. Matteucci, vol. I, Utet, Turim, 1969, p. 271.

10. O GOVERNO DOS TÉCNICOS

Promessas não cumpridas. Mas eram elas promessas que poderiam ser cumpridas? Diria que não. Embora prescindindo do contraste, por mim mencionado páginas atrás, entre o que fora concebido como "nobre e elevado" e a "matéria bruta", o projeto político democrático foi idealizado para uma sociedade muito menos complexa que a de hoje. As promessas não foram cumpridas por causa de obstáculos que não estavam previstos ou que surgiram em decorrência das "transformações" da sociedade civil (neste caso creio que o termo "transformação" é apropriado). Destes obstáculos indico três.

Primeiro: na medida em que as sociedades passaram de uma economia familiar para uma economia de mercado, de uma economia de mercado para uma economia protegida, regulada, planificada, aumentaram os problemas políticos que requerem competências técnicas. Os problemas técnicos exigem por sua vez expertos, especialistas, uma multidão cada vez mais ampla de pessoal especializado. Há mais de um século Saint-Simon havia percebido isto e defendido a substituição do governo dos legisladores pelo governo dos cientistas. Com o progresso dos instrumentos de cálculo, que Saint-Simon não podia nem mesmo de longe imaginar, a exigência do assim chamado governo dos técnicos aumentou de maneira desmesurada.

Tecnocracia e democracia são antitéticas: se o protagonista da sociedade industrial é o especialista, impossível que venha a ser o cidadão comum. A democracia sustenta-se sobre a hipótese de que todos podem decidir a respeito de tudo. A tecnocracia, ao contrário, pretende que sejam convocados para decidir apenas aqueles poucos que detêm conhecimentos específicos. Na época dos Estados absolutos, como já afirmei, o vulgo devia ser mantido longe dos *arcana imperii* porque era considerado ignorante demais. Hoje o vulgo é certamente menos ignorante. Mas os problemas a resolver — tais como a luta contra a inflação, o pleno emprego, uma mais justa distribuição da renda — não se tornaram por acaso crescentemente mais complicados? Não são eles de tal envergadura que requerem conhecimentos científicos e técnicos em hipótese alguma menos misteriosos para o homem médio de hoje (que apesar de tudo é mais instruído)?

11. O AUMENTO DO APARATO

O segundo obstáculo não previsto e que sobreveio de maneira inesperada foi o contínuo crescimento do aparato burocrático, de um aparato de poder ordenado hierarquicamente do vértice à base, e portanto diametralmente oposto ao sistema de poder democrático. Admitindo-se como pressuposto que uma sociedade apresenta sempre diversos graus de poder e configurando-se um sistema político como uma pirâmide, na sociedade democrática o poder vai da base ao vértice e numa sociedade burocrática, ao contrário, vai do vértice à base.

Estado democrático e Estado burocrático estão historicamente muito mais ligados um ao outro do que a sua contraposição pode fazer pensar. Todos os Estados que se tornaram mais democráticos tornaram-se ao mesmo tempo mais burocráticos, pois o processo de burocratização foi em boa parte uma consequência do processo de democratização. Prova disso é que hoje o desmantelamento do Estado de serviços — Estado este que exigiu um aparato burocrático até agora jamais conhecido — esconde o propósito, não digo de desmantelar, mas de reduzir a limites bem circunscritos o poder democrático. Que democratização e burocratização caminharam no mesmo passo é algo evidente, como de resto havia já observado Max Weber. Quando os proprietários eram os únicos que tinham direito de voto, era natural que pedissem ao poder público o exercício de apenas uma função primária: a proteção da propriedade. Daqui nasceu a doutrina do Estado limitado, do Estado *carabiniere* ou, como se diz hoje, do Estado mínimo, e configurou-se o Estado como associação dos proprietários para a defesa daquele direito natural supremo que era exatamente, para Locke, o direito de propriedade. A partir do momento em que o voto foi estendido aos analfabetos, tornou-se inevitável que estes pedissem ao Estado a instituição de escolas gratuitas; com isto, o Estado teve que arcar com um ônus desconhecido pelo Estado das oligarquias tradicionais e da primeira oligarquia burguesa. Quando o direito de voto foi estendido também aos não proprietários, aos que nada tinham, aos que tinham como propriedade tão somente a força de tra-

O FUTURO DA DEMOCRACIA | 61

balho, a consequência foi que se começou a exigir do Estado a proteção contra o desemprego e, pouco a pouco, seguros sociais contra as doenças e a velhice, providências em favor da maternidade, casas a preços populares etc. Assim aconteceu que o Estado de serviços, o Estado social, foi, agrade ou não, a resposta a uma demanda vinda de baixo, a uma demanda democrática no sentido pleno da palavra.

12. O BAIXO RENDIMENTO

O terceiro obstáculo está estreitamente ligado ao tema do rendimento do sistema democrático como um todo: estamos aqui diante de um problema que nos últimos anos deu vida ao debate sobre a chamada "ingovernabilidade" da democracia. Do que se trata? Em síntese, do fato de que o Estado liberal primeiro e o seu alargamento no Estado democrático depois contribuíram para emancipar a sociedade civil do sistema político. Tal processo de emancipação fez com que a sociedade civil se tornasse cada vez mais uma inesgotável fonte de demandas dirigidas ao governo, ficando este, para bem desenvolver sua função, obrigado a dar respostas sempre adequadas. Mas como pode o governo responder se as demandas que provêm de uma sociedade livre e emancipada são sempre mais numerosas, sempre mais urgentes, sempre mais onerosas? Afirmei que a precondição necessária de todo governo democrático é a proteção às liberdades civis: a liberdade de imprensa, a liberdade de reunião e de associação, são vias através das quais o cidadão pode dirigir-se aos governantes para solicitar vantagens, benefícios, facilidades, uma mais justa distribuição dos recursos. A quantidade e a rapidez destas demandas, no entanto, são de tal ordem que nenhum sistema político, por mais eficiente que seja, pode a elas responder adequadamente. Daí derivam a assim chamada "sobrecarga" e a necessidade de o sistema político fazer drásticas opções. Mas uma opção exclui a outra. E as opções não satisfatórias criam descontentamento.

Além do mais, diante da rapidez com que são dirigidas ao governo as demandas dos cidadãos, torna-se contrastante a lentidão que os complexos procedimentos de um sistema político democrático impõem à classe política no momento de tomar as decisões adequadas. Cria-se assim uma verdadeira defasagem entre o mecanismo da imissão e o mecanismo da emissão, o primeiro em ritmo sempre mais acelerado e o segundo em ritmo sempre mais lento. Ou seja, exatamente ao contrário do que ocorre num sistema autocrático, que está em condições de controlar a demanda por ter sufocado a autonomia da sociedade civil e é efetivamente muito mais rápido na resposta por não ter que observar os complexos procedimentos decisórios próprios de um sistema parlamentar. Sinteticamente: a democracia tem a demanda fácil e a resposta difícil; a autocracia, ao contrário, está em condições de tornar a demanda mais difícil e dispõe de maior facilidade para dar respostas.

13. APESAR DISTO

Após o que afirmei até aqui, alguém poderia esperar uma visão catastrófica do futuro da democracia. Nada disso. Em comparação com os anos entre a Primeira e a Segunda Guerra Mundial — chamados, no célebre livro de Elie Halévy, de *A era das tiranias* (1938)[21] —, nos últimos quarenta anos aumentou progressivamente o espaço dos regimes democráticos. Um livro como o de Juan Linz, *A queda dos regimes democráticos*,[22] retira seu material principalmente dos anos que se seguiram à Primeira Guerra Mundial, enquanto o de Julian Santamaria, *A transição para a democracia na Europa do Sul e na América Latina*,[23] apoia-se nos acontecimentos dos anos posteriores à segunda. Terminada a Primeira Guerra Mundial foram suficientes poucos anos na Itália, e dez anos na Alemanha, para ser abatido o Estado parlamentar; após a segunda, a democracia não voltou a ser abatida nos lugares em que foi restaurada e em outros países foram derrubados governos autoritários. Mesmo num país de democracia não governante e mal governante como a Itália, a democracia não corre sério perigo, embora eu diga isto com certo temor.

---

21. E. Halévy, *L'ère des tyrannies. Études sur le socialisme et la guerre*, prefácio de Charles Bouglé, Paris, Nrf, 1938.

22. Trata-se de uma seleção de vários textos, organizada por Juan Linz, publicada primeiro em inglês, *The Breakdown of Democracy*, Londres: The John Hopkins University Press, 1978, e depois em italiano, Bolonha: Il Mulino, 1981, na qual os três temas fundamentais são o advento do fascismo na Itália, na Alemanha e na Espanha.

23. Publicado pelo Centro de Investigaciones Sociológicas de Madrid, 1981.

Entenda-se: falo dos perigos internos, dos perigos que podem derivar do extremismo de direita ou de esquerda. Na Europa oriental, onde regimes democráticos foram sufocados no nascedouro ou não conseguiram nascer, a causa foi e continua a ser externa. Em minha análise, ocupei-me das dificuldades internas das democracias e não das externas, que dependem da posição dos diversos países no sistema internacional. Pois bem, a minha conclusão é que as promessas não cumpridas e os obstáculos não previstos de que me ocupei não foram suficientes para "transformar" os regimes democráticos em regimes autocráticos. A diferença substancial entre uns e outros permaneceu. O conteúdo mínimo do Estado democrático não encolheu: garantia dos principais direitos de liberdade, existência de vários partidos em concorrência entre si, eleições periódicas com sufrágio universal, decisões coletivas ou concordadas (nas democracias consociativas ou no sistema neocorporativo) ou tomadas com base no princípio da maioria, e de qualquer modo sempre após um livre debate entre as partes ou entre os aliados de uma coalizão de governo. Existem democracias mais sólidas e menos sólidas, mais invulneráveis e mais vulneráveis; existem diversos graus de aproximação com o modelo ideal, mas mesmo a democracia mais distante do modelo não pode ser de modo algum confundida com um Estado autocrático e menos ainda com um totalitário.

Não falei dos perigos externos porque o tema a mim reservado dizia respeito ao futuro da democracia, não ao futuro da humanidade. E neste, devo confessar, não estou disposto a fazer qualquer aposta. Parodiando o título do presente seminário — "O futuro já começou" —, alguém com queda para o humor negro poderia perguntar: "E se ao invés disto o futuro já tiver terminado?"

No entanto, embora admitindo que possa estar correndo um certo risco, creio ser possível fazer uma constatação final: nenhuma guerra explodiu até agora entre Estados dirigidos por regimes democráticos. O que não quer dizer que os Estados democráticos não tenham feito guerras, mas apenas que jamais as fizeram *entre si*.[24] A observação é temerária, como já reconheci, mas prefiro fazê-la e aguardar um desmentido. Será que estava certo Kant quando proclamou como primeiro artigo definitivo de um possível acordo pela paz perpétua que "a constituição de cada Estado deve ser republicana"?[25] Certo, o conceito de "república" ao qual se referia Kant não coincide com o conceito atual de "democracia", mas a ideia de que a constituição interna dos Estados viesse a ser um obstáculo à guerra foi uma ideia forte, fecunda, inspiradora de muitos projetos pacifistas elaborados ao longo dos dois últimos séculos (e importa pouco que eles tenham permanecido, na prática, letra morta). As objeções feitas ao princípio de Kant derivaram sempre do fato de não se ter entendido que, tratando-se de um princípio universal, ele é válido somente se *todos* os estados e não apenas alguns

---

24. Esta tese foi recentemente sustentada, com argumentos doutrinais e históricos, por M. W. Doyle, "Kant, Liberal Legacies and Foreign Affairs", *in Philosophy and Public Affairs*, XII, 1983, pp. 205-35 e 323-53.

25. Kant, *Zum ewigen Frieden, op. cit.*, p. 126.

poucos assumirem a forma de governo exigida para o alcance da paz perpétua.

14. Apelo aos valores

Para terminar, é preciso dar uma resposta à questão fundamental, aquela que ouço frequentemente repetida, sobretudo pelos jovens, tão fáceis às ilusões quanto às desilusões. Se a democracia é predominantemente um conjunto de regras de procedimento, como pode pretender contar com "cidadãos ativos"? Para ter os cidadãos ativos será que não são necessários alguns ideais? É evidente que são necessários os ideais. Mas como não dar-se conta das grandes lutas de ideias que produziram aquelas regras? Tentemos enumerá-las?

Primeiro de tudo nos vem ao encontro, legado por séculos de cruéis guerras de religião, o ideal da tolerância. Se hoje existe uma ameaça à paz mundial, esta vem ainda uma vez do fanatismo, ou seja, da crença cega na própria verdade e na força capaz de impô-la. Inútil dar exemplos: podemos encontrá-los a cada dia diante dos olhos. Em segundo lugar, temos o ideal da não violência: jamais esqueci o ensinamento de Karl Popper segundo o qual o que distingue essencialmente um governo democrático de um não democrático é que apenas no primeiro os cidadãos podem livrar-se de seus governantes sem derramamento de sangue.[26] As tão fre-

---

26. Karl Popper, *La società aperta e i suoi nemici*, Roma: Armando, 1973, p. 179. [Trad. bras. *A sociedade aberta e os seus inimigos*. São Paulo: Edusp.]

quentemente ridicularizadas regras formais da democracia introduziram pela primeira vez na história as técnicas de convivência, destinadas a resolver os conflitos sociais sem o recurso à violência. Apenas onde essas regras são respeitadas o adversário não é mais um inimigo (que deve ser destruído), mas um opositor que amanhã poderá ocupar o nosso lugar. Terceiro: o ideal da renovação gradual da sociedade através do livre debate das ideias e da mudança das mentalidades e do modo de viver: apenas a democracia permite a formação e a expansão das revoluções silenciosas, como foi por exemplo nestas últimas décadas a transformação das relações entre os sexos — que talvez seja a maior revolução dos nossos tempos. Por fim, o ideal da irmandade (a *fraternité* da revolução francesa). Grande parte da história humana é uma história de lutas fratricidas. Na sua *Filosofia da história* (e assim termino com o autor que citei logo no início) Hegel definiu a história como um "imenso matadouro".[27] Podemos desmenti-lo? Em nenhum país do mundo o método democrático pode perdurar sem tornar-se um costume. Mas pode tornar-se um costume sem o reconhecimento da irmandade que une todos os homens num destino comum? Um reconhecimento ainda mais necessário hoje, quando nos tornamos a cada dia mais conscientes deste destino comum e devemos procurar agir com coerência, através do pequeno lume de razão que ilumina nosso caminho.

---

27. Hegel, *Vorlesungen, op. cit.*, vol. I, p. 58.

DEMOCRACIA REPRESENTATIVA
E DEMOCRACIA DIRETA

PARTO DE UMA CONSTATAÇÃO sobre a qual podemos estar todos de acordo: a exigência de mais democracia, tão frequente nos últimos anos, exprime-se como exigência de que a democracia representativa seja acompanhada ou mesmo substituída pela democracia direta. Tal exigência não é nova: já a havia feito, como se sabe, o pai da democracia moderna, Jean-Jacques Rousseau, quando afirmou que "a soberania não pode ser representada" e, portanto, "o povo inglês acredita ser livre mas se engana redondamente; só o é durante a eleição dos membros do parlamento; uma vez eleitos estes, ele volta a ser escravo, não é mais nada".[1]

Mas Rousseau também estava convencido de que "uma verdadeira democracia jamais existiu nem existirá", pois requer muitas condições difíceis de serem reunidas. Em primeiro lugar um estado muito pequeno, "no qual ao povo seja fácil reunir-se e cada cidadão possa facilmente conhecer todos os demais"; em segundo lugar, "uma grande simplicidade de costumes que impeça a

---

1. *Contratto sociale*, III, 15. [Trad. bras. "Os Pensadores", São Paulo: Abril.]

multiplicação dos problemas e as discussões espinhosas";
além do mais, "uma grande igualdade de condições e fortunas"; por fim, "pouco ou nada de luxo" (donde se poderia deduzir que Rousseau, e não Marx, é o inspirador da
política de "austeridade"). Lembremo-nos da conclusão:
"Se existisse um povo de deuses, governar-se-ia democraticamente. Mas um governo assim perfeito não é feito
para os homens".[2]

Embora tenham transcorrido mais de dois séculos — e
que séculos!, nada mais nada menos que os séculos das revoluções liberais e das socialistas, os séculos que pela primeira
vez deram aos povos a ilusão de estarem destinados a "mag-
níficos êxitos e progressos" —, em deuses não nos converte-
mos. Permanecemos homens. Os estados tornaram-se cada
vez maiores e sempre mais populosos, e neles nenhum cidadão está em condições de conhecer todos os demais, os costumes não se tornaram mais simples, tanto que os problemas se multiplicaram e as discussões são a cada dia mais
espinhosas, as desigualdades de fortunas ao invés de dimi-
nuírem tornaram-se, nos Estados que se proclamam democráticos (embora não no sentido rousseauniano da palavra),
cada vez maiores e continuam a ser insultantes; além disso,
o luxo que segundo Rousseau "corrompe ao mesmo tempo
o rico e o pobre, o primeiro com a posse e o segundo com a
cupidez",[3] não desapareceu (tanto é verdade que entre as
reivindicações intencionalmente provocantes mas não ex-

---

2. *Ibid*, III, 4.
3. *Ibid.*

travagantes de alguns grupos contestadores existe também a do direito ao luxo).

Mas então tudo isto quer dizer que a exigência de um alargamento da democracia representativa e da instituição da democracia direta é insensata? Sustento que não. Mas para responder a esta pergunta é preciso delinear com exatidão os termos da questão.

É evidente que, se por democracia direta se entende literalmente a participação de todos os cidadãos em todas as decisões a eles pertinentes, a proposta é insensata. Que todos decidam sobre tudo em sociedades sempre mais complexas como são as modernas sociedades industriais é algo materialmente impossível. E também não é desejável humanamente, isto é, do ponto de vista do desenvolvimento ético e intelectual da humanidade. Em seus escritos de juventude Marx havia indicado o homem total como meta do desenvolvimento civil da humanidade. Mas o indivíduo rousseauniano conclamado a participar da manhã à noite para exercer os seus deveres de cidadão não seria o homem total mas o cidadão total (como foi chamado com evidentes intenções polêmicas por Dahrendorf).[4] E, bem vistas as coisas, o cidadão total nada mais é que a outra face igualmente ameaçadora do Estado total. Não por acaso a democracia rousseauniana foi frequentemente interpretada

---

4. Ralf Dahrendorf, "Cittadini e partecipazione: al di là della democrazia rappresentativa?", in Il cittadino totale, Centro di ricerca e documentazione Luigi Einaudi, Turim, 1977, pp. 33-59: "As sociedades tornam-se ingovernáveis se os setores que as compõem rejeitam o governo em nome dos direitos de participação, e isto por sua vez não pode deixar de influir sobre a capacidade de sobrevivência: eis o paradoxo do cidadão total" (p. 56).

como democracia totalitária em polêmica com a democracia liberal.

O cidadão total e o Estado total são as duas faces da mesma moeda; consideradas uma vez do ponto de vista do povo e outra vez do ponto de vista do príncipe, têm em comum o mesmo princípio: que tudo é política, ou seja, a redução de todos os interesses humanos aos interesses da pólis, a politização integral do homem, a resolução do homem no cidadão, a completa eliminação da esfera privada na esfera pública, e assim por diante.

Não creio existir alguém que, invocando a democracia direta, pretenda fazer tal solicitação. Não consta que Marx pensasse numa democracia direta deste gênero quando via no exercício do poder por parte dos *communards* de Paris o germe de uma organização estatal diversa daquela do Estado representativo (e com ainda mais razão do Estado bonapartista); e isto mesmo se se considerar que a particularíssima experiência da revolução parisiense, limitada no tempo e no espaço, podia suscitar a ilusão de que fosse possível e desejável em tempos normais a mobilização contínua e intensa que é possível, e inclusive necessária, em tempos de transformação revolucionária da sociedade. (Talvez o único tipo humano a que convenha o atributo de cidadão total seja o revolucionário; mas as revoluções não se fazem aplicando as regras do jogo democrático.) Pois então, quando se anuncia a fórmula "da democracia representativa à democracia direta", o que se pede realmente? As fórmulas políticas pretendem indicar uma direção em nível máximo, e pouco importa que sejam expressas com termos vagos e ambíguos, mais indicados para suscitar certas emoções que para entrar em contato com determinadas realidades.

É dever da crítica teórica descobrir e denunciar as soluções meramente verbais, transformar uma fórmula de efeito numa proposta operativa, distinguir a moção dos sentimentos do conteúdo real. Se não pretendo demais, é deste gênero a tarefa que me proponho a desenvolver nas páginas seguintes.

Começo pela democracia representativa. O primeiro equívoco de que devemos nos liberar é que "democracia representativa" signifique a mesma coisa que "Estado parlamentar". Proponho imediatamente este tema de discussão porque muitos creem ter feito a crítica da democracia representativa quando fizeram a crítica do Estado parlamentar. Disto me dei conta ao longo da discussão que se seguiu (não só por escrito mas também oralmente) à publicação de meus artigos sobre democracia e socialismo, em dezenas de mesas-redondas, pois percebi que quase sempre estava subentendido que se alguém fazia a crítica do Estado parlamentar era como se criticasse também a democracia representativa.

A expressão "democracia representativa" significa genericamente que as deliberações coletivas, isto é, as deliberações que dizem respeito à coletividade inteira, são tomadas não diretamente por aqueles que dela fazem parte mas por pessoas eleitas para esta finalidade. Ponto e basta. O Estado parlamentar é uma aplicação particular, embora relevante do ponto de vista histórico, do princípio da representação, vale dizer, é aquele Estado no qual é representativo o órgão central (ou central ao menos em nível de princípio, embora nem sempre de fato) ao qual chegam as reivindicações e do qual partem as decisões coletivas fundamentais, sendo este órgão central o parlamento. Mas todos sabem que uma república presidencial como a dos Estados Unidos, que não é um Estado parlamentar, também é um Estado representativo em sentido genérico.

De resto, não existe hoje nenhum Estado representativo em que o princípio da representação concentre-se apenas no parlamento: os Estados que hoje nos habituamos a chamar de representativos são representativos porque o princípio da representação está estendido também a numerosas outras sedes onde se tomam deliberações coletivas, como são as comunas, as províncias e na Itália também as regiões.* Em outras palavras, um Estado representativo é um Estado no qual as principais deliberações políticas são tomadas por representantes eleitos, importando pouco se os órgãos de decisão são o parlamento, a Presidência da República, o parlamento mais os conselhos regionais etc.

Do mesmo modo que nem todo Estado representativo é um Estado parlamentar, o Estado parlamentar pode muito bem não ser uma democracia representativa. Se por democracia entendemos, como devemos, um regime no qual todos os cidadãos adultos têm direitos políticos — onde

---

*Referência à organização administrativa da Itália, uma república parlamentar subdividida em regiões administrativas, províncias e comunas [*N. do T.*].

existe, em poucas palavras, o sufrágio universal —, devemos considerar que historicamente os parlamentos vieram antes da extensão do sufrágio e que, portanto, por muito tempo existiram Estados parlamentares que eram representativos mas não democráticos. Chamo atenção para o fato de que na expressão "democracia representativa" deve-se dar relevo tanto ao adjetivo quanto ao substantivo. É verdade que nem toda forma de democracia é representativa (daí a insistência sobre a democracia direta), mas também é verdade que nem todo Estado representativo é democrático pelo simples fato de ser representativo: daí a insistência sobre o fato de que a crítica ao Estado parlamentar não implica a crítica à democracia representativa, já que, se é verdade que toda democracia é representativa, é igualmente verdade que nem todo Estado representativo é em princípio e foi historicamente uma democracia.

Dou um passo à frente. Acabei de afirmar que a crítica ao Estado parlamentar não implica a crítica à democracia representativa. Devo agora acrescentar que nem toda crítica à democracia representativa leva diretamente à democracia direta. Neste ponto o discurso fica um pouco mais complicado e sou obrigado a simplificá-lo, mesmo sob o risco de torná-lo banal. A complicação deriva do fato de que quando digo que entre duas pessoas ou entre uma pessoa e um grupo de pessoas existe uma relação de representação, esta expressão pode ser entendida das mais diversas maneiras. A literatura jurídica, sociológica e politológica sobre o conceito, ou melhor, sobre o termo "representação", é tão abundante que se eu quisesse dela dar conta apenas em linhas gerais seria obrigado a escrever toda uma monografia.[5] Para dar-lhes apenas uma pálida ideia da confusão em que se cai toda vez que se procura entender e fazer entender o que é que está por trás da relação de representação entre A e B, basta lembrar que dizer que o papa é o representante de Deus na terra não é a mesma coisa que dizer que o senhor Reagan representa o povo dos Estados Unidos, assim como dizer que o senhor Rossi representa um laboratório farmacêutico não é a mesma coisa que dizer que o ilustre deputado Bianchi representa um partido no parlamento.

Por sorte, interessa-nos agora apenas esta última acepção. Mas mesmo ela está repleta de armadilhas. Basta dizer que o secular debate sobre a representação política está dominado ao menos por dois temas que dividem os ânimos e conduzem a propostas políticas conflitantes entre si. O primeiro tema diz respeito aos poderes do representante, o segundo ao conteúdo da representação. Com uma fórmula cômoda, costuma-se dizer que o problema da representação pode ter soluções diversas conforme as respostas que, uma vez acertado que *A* deve representar *B*, damos à pergunta: *"Como* o representa?" e *"Que coisa* representa?" São conhecidas as respostas mais comuns a estas duas perguntas. À primeira: *A* pode representar *B* como delegado ou como fiduciário. Se é delegado, *A* é pura e

---

5. Para uma primeira e boa informação remeto ao verbete *Rappresentanza politica* (redigido por M. Cotta) do *Dizionario di politica*. Utet, Turim, 1983, pp. 954-959, e aos autores ali citados.

simplesmente um porta-voz, um núncio, um legado, um embaixador, de seus representados, e portanto seu mandato é extremamente limitado e revogável *ad nutum*. Se ao invés disto, é um fiduciário, *A* tem o poder de agir com certa liberdade em nome e por conta dos representados, na medida em que, gozando da confiança deles, pode interpretar com discernimento próprio os seus interesses. Neste segundo caso diz-se que *A* representa *B* sem vínculo de mandato; na linguagem constitucional hoje consolidada diz-se que entre *A* e *B* não existe um mandato imperativo. Também à segunda pergunta (sobre "que coisa") podem ser dadas duas respostas: *A* pode representar *B* no que se refere a seus interesses gerais de cidadão ou no que se refere a seus interesses particulares, por exemplo, de operário, de comerciante, de profissional liberal etc. A diferença a respeito do "que coisa" repercute também sobre a diferença a respeito do "quem".

Se o representante é chamado a representar os interesses gerais do representado, não é necessário que pertença à sua mesma categoria profissional; aliás, na maior parte dos sistemas representativos já se formou uma categoria profissional específica de representantes, que é a categoria dos políticos de profissão. Quando, em vez disto, o representante é chamado a representar os interesses específicos de uma categoria, normalmente ele pertence à mesma categoria profissional dos representados, com o que apenas o operário pode representar eficazmente os operários, o médico os médicos, o professor os professores, o estudante os estudantes etc.

Creio não ter passado despercebida a relação que existe, de um lado, entre a figura do representante como delegado e a representação dos interesses particulares, e de outro lado entre a figura do representante como fiduciário e a representação dos interesses gerais. De fato, habitualmente as duas coisas caminham juntas. Dou um exemplo que é familiar à maioria de nós: a contestação estudantil. Foram os movimentos estudantis os primeiros a mandar pelos ares seus organismos representativos pelo fato de que os representantes eram fiduciários e não delegados, e a impor através de suas assembleias o princípio do mandato imperativo. Imediatamente ficou claro que se tratava de uma representação orgânica, isto é, de interesses particulares, isto é, daquela representação na qual o representante deve pertencer à mesma categoria do representado.

O oposto ocorre na representação política da maior parte dos Estados que se governam à base de um sistema representativo: o que caracteriza uma democracia representativa é, com respeito ao "quem", que o representante seja um fiduciário e não um delegado; e é, com respeito ao "que coisa", que o fiduciário represente os interesses gerais e não os interesses particulares. (E exatamente porque são representados os interesses gerais, e não os interesses particulares dos eleitores, nela vigora o princípio da proibição de mandato imperativo.)

Com isto, creio ter-me colocado em condições de esclarecer em que acepção do termo "representação" se diz que um sistema é representativo e se fala habitualmente de democracia representativa: as democracias representativas que conhecemos são democracias nas quais por representante entende-se uma pessoa que tem duas características bem estabelecidas: *a*) na medida em que goza da confiança do corpo eleitoral, uma vez eleito não é mais responsável perante os próprios eleitores e seu mandato, portanto, não é revogável; *b*) não é responsável diretamente perante seus eleitores exatamente porque é convocado a tutelar os interesses gerais da sociedade civil e não os interesses particulares desta ou daquela categoria.

Nas eleições políticas, nas quais funciona o sistema representativo, um operário comunista não vota no operário não comunista mas vota num comunista mesmo se não operário. Isto quer dizer que a solidariedade de partido e portanto a visão dos interesses gerais é mais forte que a solidariedade de categoria e a consideração dos interesses particulares. Uma consequência do sistema é que, como afirmei pouco atrás, os representantes — na medida em que não são representantes de categoria mas, por assim dizer, representantes dos interesses gerais — terminam por constituir uma categoria à parte, a dos políticos de profissão, isto é, daqueles que, para me expressar com a eficientíssima definição de Max Weber, não vivem apenas *para a* política mas vivem *da* política.

Insisti sobre estas duas características da representação num sistema representativo porque em geral é exatamente sobre elas que se apoia a crítica à democracia representativa em nome de uma democracia mais larga, mais completa, em suma, mais democrática. De fato, na polêmica contra a democracia representativa é possível distinguir claramente dois filões predominantes: a crítica à proibição do mandato imperativo e portanto à representação concebida como relação fiduciária, feita em nome de um vínculo mais estreito entre representante e representado, análogo ao que liga o mandante e o mandatário nas relações do direito privado, e a crítica à representação dos interesses gerais, feito em nome da representação orgânica ou funcional dos interesses particulares desta ou daquela categoria.

Quem conhece um pouco a história da disputa hoje secular pró e contra o sistema representativo sabe muito bem que frequentemente os temas em discussão são sobretudo estes dois. Ambos são temas que pertencem à tradição do pensamento socialista, ou melhor, à concepção de democracia que veio sendo elaborada pelo pensamento socialista em oposição à democracia representativa considerada como a ideologia própria da burguesia mais avançada, como ideologia "burguesa" da democracia. Dos dois temas, o primeiro, isto é, a exigência de revogação do mandato por parte dos eleitores feita à base da crítica à proibição do mandato imperativo, é própria do pensamento político marxista: como todos sabem, o próprio Marx deu particular relevo ao fato de que a Comuna de Paris "foi composta por conselheiros municipais eleitos por sufrágio universal nas diversas circunscrições da cidade, responsáveis e substituíveis a qualquer momento".[6]

---

6. Karl Marx, *La guerra civile in Francia*, in *Il partito e l'internazionale*, Edizioni Rinascita, Roma, 1948, p. 178.

O princípio foi retomado e reafirmado várias vezes por Lênin, a começar no *Estado e Revolução*, e subsistiu como princípio normativo nas várias constituições soviéticas. O artigo 105 da constituição que vigorou nos anos 1980 diz: "O deputado tem o dever de informar os eleitores sobre sua atividade e sobre a atividade dos Soviets. O deputado que não se demonstrar digno da confiança dos eleitores pode ser privado do mandato a qualquer momento por decisão da maioria dos eleitores e segundo as modalidades previstas pela lei." Este princípio foi transmitido à maior parte das constituições das democracias populares (ao contrário do que ocorre na maior parte das constituições das democracias ocidentais, como por exemplo a italiana, cujo artigo 67 diz: "Cada membro do Parlamento representa a Nação e exerce suas funções sem vínculo de mandato").

O segundo tema, aquele da representação dos interesses ou orgânica, foi ao contrário característico do pensamento socialista inglês do fim do século passado, em particular da corrente que se guiava pelo *guild-socialism* de Hobson e Cole, cuja principal proposta de reforma institucional consistia em solicitar a desarticulação corporativa do Estado (além da territorial) e a instauração de uma representação funcional, isto é, dos interesses constituídos e reconhecidos, ao lado da representação territorial própria do Estado parlamentarista clássico, que encontrara na Inglaterra a própria pátria e o próprio centro de irradiação.

Mas o que quero sublinhar é que nenhuma das duas propostas inovadoras com respeito ao sistema representativo clássico transforma a democracia representativa em democracia direta. Com toda a certeza não a segunda, que se limita a substituir uma forma de representação por outra. É também discutível que a representação dos interesses ou funcional, mesmo se algumas vezes proposta por movimentos políticos de esquerda, seja mais democrática que a representação territorial conduzida através destes organismos de agregação de interesses que são os partidos.

Na Itália, não podemos esquecer que a única tentativa até agora feita de substituir a representação partidária pela representação orgânica foi a empreendida, com pouca habilidade, pelo fascismo, através da câmara dos *fasci* e das corporações. Da minha parte, recordo que quando, logo após o fim da Primeira Guerra (1914-1918), foram ventiladas propostas de reforma constitucional na direção da representação dos interesses — feitas tanto por grupos socialistas como pelo partido católico —, dois escritores liberais como Einaudi e Ruffini a elas se opuseram, percebendo os perigos que traziam para o desenvolvimento da democracia e dos direitos de liberdade. Escrevia Einaudi:

> É necessário dizer que nós, contrários a estas alegadas modernidades legislativas, temos o dever de dizer claramente que todas estas representações dos interesses, todas estas assembleias paritárias, são um regresso espantoso a formas medievais de representação política, àquelas formas das quais, por aperfeiçoamentos sucessivos, escaparam os parlamentos modernos.

E acrescentava: "Dar às representações profissionais uma função deliberativa é querer colocar os interesses particulares no lugar dos interesses gerais, é realizar obra prepotente e egoísta.")[7]

Com isto não estou querendo afirmar que nossos parlamentos estejam dedicados apenas ao interesse geral. Deus me guarde e livre disto! Uma das chagas do nosso parlamentarismo, tantas vezes denunciada e tão pouco medicada, é a proliferação das chamadas "leizinhas" [*"leggine"*], que são precisamente o efeito da predominância de interesses particulares, de grupo, de categoria, no pior sentido da palavra, corporativos. E se trata exatamente de uma chaga e não de um efeito benéfico, exatamente de um dos aspectos degenerativos dos parlamentos, que deveriam ser corrigidos e não agravados.

O problema da representação orgânica foi retomado durante os trabalhos da Assembleia Constituinte (1946-1947), mas resolvido com a criação daquela espécie de limbo constitucional que é o Conselho Nacional da Economia e do Trabalho, ao qual se atribuiu um encargo meramente consultivo que de fato jamais foi executado, nem após a sua constituição nem após sua recente ressurreição.

Entendamo-nos bem: a representação orgânica não é por si mesma algo defeituoso. Existem situações em que ela é não só desejável como inevitável. Que um conselho de faculdade seja composto por professores de faculdade e

---

7. Luigi Einaudi, "Rappresentanze di interessi e Parlamento" (1919), *in Cronache economiche e politiche di un trentennio*, vol. V. Einaudi, Turim, 1961, p. 528.

não por representantes de partidos políticos é uma coisa óbvia. Mas é menos óbvio que dele não participem com direitos paritários representantes dos estudantes ou do pessoal administrativo, com a consequência de que o defeito está não no fato de ser orgânico mas de sê-lo muito pouco. Entretanto, um conselho de faculdade ou um conselho de fábrica executam sua função e tomam as decisões que lhes são próprias num campo bem delimitado e técnico, isto é, num campo que nada tem a ver com o campo geral e não técnico do qual devem ocupar-se os corpos representativos políticos. Criticável não é a representação orgânica enquanto tal, mas a representação orgânica transportada para fora dos limites que lhe são próprios.

Nada a objetar quanto ao fato de que na escola os estudantes sejam representados por estudantes e na fábrica os operários sejam representados por operários. Mas quando se passa ao bairro, onde os interesses em questão são os interesses dos cidadãos e não desta ou daquela categoria, os cidadãos devem ser representados por cidadãos, que se distinguirão entre si não à base das categorias que representam mas das diversas visões globalizantes dos problemas que conseguiram formar (visões globalizantes estas que cada um possui por pertencer não a esta ou àquela categoria mas a este ou àquele movimento político).

Certamente mais próximo da democracia direta é o instituto do representante revogável, contraposto ao do representante desvinculado de mandato imperativo. De fato, o cordão umbilical que mantém o delegado unido ao corpo eleitoral não está de todo cortado. Mas mesmo neste caso não se pode falar de democracia direta no sentido próprio da palavra. Para que exista democracia direta no sentido próprio da palavra, isto é, no sentido em que direto quer dizer que o indivíduo participa ele mesmo nas deliberações que lhe dizem respeito, é preciso que entre os indivíduos deliberantes e a deliberação que lhes diz respeito não exista nenhum intermediário. Mesmo se revogável, o delegado é um intermediário, acima de tudo porque, apesar de vinculado às instruções que recebe da base, tem de fato certa liberdade de movimento e se com ele não se entendessem todos os que devem chegar a uma deliberação coletiva, qualquer deliberação coletiva seria impossível; em segundo lugar porque ele não pode ser revogado a todo instante e substituído por um outro, a não ser sob o risco de paralisar as negociações.

Quem age à base de instruções rígidas é o porta-voz, o núncio, nas relações internacionais o embaixador; a rigidez das instruções não é exatamente um modo característico do agir dos corpos coletivos. É uma característica dos organismos regulados por critérios hierárquicos, isto é, daqueles organismos nos quais o fluxo do poder procede do alto para baixo e não de baixo para cima, e é portanto muito mais adequada aos sistemas autocráticos que aos sistemas democráticos. Quando menos porque um superior hierárquico está em condições de dar instruções rígidas ao inferior hierárquico com muito mais facilidade que uma assembleia, a qual pode chegar, embora com grande fadiga, a formular diretivas mas quase nunca consegue transformar as diretivas em ordens (e onde não há ordens mas diretivas o mandato só é imperativo nas palavras).

De qualquer modo, se a representação por mandato não é propriamente a democracia direta, é uma estrada intermediária entre a democracia representativa e a democracia direta. O que me permite repetir que entre a democracia representativa pura e a democracia direta pura não existe, como creem os defensores da democracia direta, um salto qualitativo, como se entre uma e outra existisse um divisor de águas e como se a paisagem mudasse completamente tão logo passássemos de uma margem à outra. Não: os significados históricos de democracia representativa e de democracia direta são tantos e de tal ordem que não se pode pôr os problemas em termos de ou-ou, de escolha forçada entre duas alternativas excludentes, como se existissem apenas uma única democracia representativa possível e apenas uma única democracia direta possível; o problema da passagem de uma a outra somente pode ser posto através de um *continuum* no qual é difícil dizer onde termina a primeira e onde começa a segunda.

Um sistema democrático caracterizado pela existência de representantes revogáveis é, na medida em que prevê representantes, uma forma de democracia representativa, mas aproxima-se da democracia direta na medida em que admite que estes representantes possam ser substituídos. É um gênero anfíbio, do qual a história, que procede sempre por vias complicadas (ao contrário da natureza que, como se dizia há tempos, segue sempre a via mais curta), nos oferece inúmeros exemplos. Exatamente porque entre a forma extrema de democracia representativa e a forma extrema de democracia direta existe um *continuum* de formas intermediárias, um sistema de democracia integral pode contê-las todas, cada uma delas em conformidade com as diversas situações e as diversas exigências, e isto porque são perfeitamente compatíveis entre si posto que apropriadas a diversas situações e a diversas exigências. Isto implica que, de fato, democracia representativa e democracia direta não são dois sistemas alternativos (no sentido de que onde existe uma não pode existir a outra), mas são dois sistemas que se podem integrar reciprocamente. Com uma fórmula sintética, pode-se dizer que num sistema de democracia integral as duas formas de democracia são ambas necessárias mas não são, consideradas em si mesmas, suficientes.

Que a democracia direta não é suficiente fica claro quando se considera que os institutos de democracia direta no sentido próprio da palavra são dois: a assembleia dos cidadãos deliberantes sem intermediários e o *referendum*. Nenhum sistema complexo como é o de um Estado moderno pode funcionar apenas com um ou com outro, e nem mesmo com ambos conjuntamente.

A assembleia dos cidadãos — a democracia que Rousseau tinha em mente — é um instituto, como de resto Rousseau sabia muito bem, que somente pode ter vida numa pequena comunidade, como era a do modelo clássico por excelência, a Atenas do V e do IV séculos, quando os cidadãos não passavam de poucos milhares e sua assembleia, considerando-se os ausentes por motivo de força maior ou por livre e espontânea vontade, reunia-se com todos juntos no lugar estabelecido (no qual, escreve Glotz, raramente podiam ser vistos mais que dois ou três mil cidadãos, mesmo que na colina onde habitualmente se realizavam as assembleias ordinárias pudessem estar, sempre segundo Glotz, 25 mil pessoas em pé e 18 mil sentadas).

Hoje não existem mais cidades-Estados, salvo alguns casos tão excepcionais que devem ser, neste contexto, desprezados. E mesmo as cidades nos Estados tornaram-se um pouco maiores que a Atenas de Péricles e a Genebra de Rousseau. Nós as dividimos, ou as estamos dividindo em bairros. Mas mesmo sendo verdade que no momento da formação inicial da participação no bairro ou no distrito, no momento do nascimento mais ou menos espontâneo dos comitês de bairro, pode-se falar apropriadamente de democracia direta (direta sim, mas quantitativamente muito limitada), é igualmente verdade — em decorrência da tendência natural que caracteriza a passagem de um movimento do *statu nascenti*, como afirma Alberoni, para o da sua institucionalização, da sua fase espontânea para a fase da necessária organização — que, tão logo são providenciadas a legitimação e a regulamentação da participação de base, a forma por esta assumida é a da democracia representativa. Mesmo os bairros não são governados por assembleias de cidadãos, mas por seus representantes.

Quanto ao *referendum*, que é o único instituto de democracia direta de concreta aplicabilidade e de efetiva aplicação na maior parte dos estados de democracia avançada, trata-se de um expediente extraordinário para circunstâncias extraordinárias. Ninguém pode imaginar um Estado que seja governado mediante o contínuo apelo ao povo: levando-se em conta as leis propulgadas a cada ano na Itália, por exemplo, seria necessário prever em média uma convocação por dia. Salvo na hipótese, por ora de ficção científica, de que cada cidadão possa transmitir seu voto a um cérebro eletrônico sem sair de casa e apenas apertando um botão.[8]

Todavia, não há dúvida de que estamos assistindo à ampliação do processo de democratização. Se devêssemos apontar uma das características mais evidentes e interessantes de uma sociedade politicamente em expansão, como é por exemplo a italiana, não poderíamos deixar de indicar a exigência e o exercício efetivo de uma sempre nova participação. Peço desculpas por ser um pouco esquemático, mas o fluxo do poder só pode ter duas direções: ou é descendente, quer dizer, vem do alto para baixo, ou é ascendente, quer dizer, vai de baixo para cima. Exemplo típico do primeiro é, nos Estados modernos, o poder burocrático; do segundo é o poder político, onde quer que se entenda por poder político aquele exercido em todos os níveis (local, regional, estatal) em nome e por conta do cidadão, ou melhor, do indivíduo como cidadão.

O que acontece agora é que o processo de democratização, ou seja, o processo de expansão do poder ascendente,

---

8. Não faltam, especialmente nos Estados Unidos, escritos sobre este assunto: Z. Brzezinski, *Between two Ages: America's Role in the Technocratic Age*, Viking Press, Nova York, 1970; e G. Tullock, *Private Wants in Public Means: an Economic Analysis of the desirable scope of State Government*, Nova York, Basis Books, 1971.

O FUTURO DA DEMOCRACIA | 89

está se estendendo da esfera das relações políticas, das relações em que o indivíduo é considerado em seu papel de cidadão, para a esfera das relações sociais, onde o indivíduo é considerado na variedade de seus *status* e de seus papéis específicos, por exemplo de pai e de filho, de cônjuge, de empresário e de trabalhador, de professor e de estudante e até mesmo de pai de estudante, de médico e de doente, de oficial e de soldado, de administrador e de administrado, de produtor e de consumidor, de gestor de serviços públicos e de usuário etc.

Com uma expressão sintética pode-se dizer que, se hoje se pode falar de processo de democratização, ele consiste não tanto, como erroneamente muitas vezes se diz, na passagem da democracia representativa para a democracia direta quanto na passagem da democracia política em sentido escrito para a democracia social, ou melhor, consiste na extensão do poder ascendente, que até agora havia ocupado quase exclusivamente o campo da grande sociedade política (e das pequenas, minúsculas, em geral politicamente irrelevantes associações voluntárias), para o campo da sociedade civil nas suas várias articulações, da escola à fábrica: falo de escola e de fábrica para indicar emblematicamente os lugares em que se desenvolve a maior parte da vida da maior parte dos membros de uma sociedade moderna, deixando intencionalmente de lado a igreja ou as igrejas, pois este é um problema que diz respeito à sociedade religiosa, que não é nem a sociedade política nem a sociedade civil mas que de alguma maneira também está sendo abalada pelo impacto dos mesmos problemas.

Em outras palavras, podemos dizer que o que acontece hoje quanto ao desenvolvimento da democracia não pode ser interpretado como a afirmação de um novo tipo de democracia, mas deve ser entendido como a ocupação, pelas formas ainda tradicionais de democracia, como é a democracia representativa, de novos espaços, isto é, de espaços até agora dominados por organizações de tipo hierárquico ou burocrático.

Deste ponto de vista, creio que se deve falar justamente de uma verdadeira reviravolta no desenvolvimento das instituições democráticas, reviravolta esta que pode ser sinteticamente resumida numa fórmula do seguinte tipo: da democratização do Estado à democratização da sociedade.

Se por esfera política entendermos o âmbito no qual são tomadas as deliberações de mais relevante interesse coletivo, então fica fácil compreender que historicamente o advento da democracia política precedeu o advento da democracia social.

Uma vez conquistada a democracia política, nos damos conta de que a esfera política está por sua vez incluída numa esfera muito mais ampla que é a esfera da sociedade no seu todo e que não existe decisão política que não seja condicionada ou até mesmo determinada por aquilo que acontece na sociedade civil. Percebemos que uma coisa é a democratização do Estado (ocorrida com a instituição dos parlamentos), outra é a democratização da sociedade, donde se conclui que pode muito bem existir um Estado democrático numa sociedade em que a maior parte das instituições — da família à escola, da empresa à gestão dos serviços públicos — não são governadas democraticamente. Daí a pergunta que melhor que qualquer outra caracteriza a atual fase de desenvolvimento da democracia nos países politicamente já democráticos: é possível a sobrevivência de um Estado democrático numa sociedade não democrática? Pergunta que pode ser formulada também deste modo: a democracia política foi e é até agora necessária para que um povo não caia sob um regime despótico; mas é também suficiente?

Para comprovar a reviravolta mencionada já tive a ocasião de dizer que, até há pouquíssimo tempo, quando se desejava dar uma prova do desenvolvimento da democracia num dado país tomava-se como índice a extensão dos direitos políticos do sufrágio restrito ao sufrágio universal, considerava-se como índice principal a extensão do direito de participar (mesmo que indiretamente) na formação dos órgãos em que são tomadas as decisões políticas. Hoje, sob este aspecto, não há mais avanço possível depois que o sufrágio foi estendido às mulheres e o limite de idade foi diminuído para 18 anos.

Hoje, se se quer apontar um índice do desenvolvimento democrático, este não pode mais ser o número de pessoas que têm o direito de votar, mas o número de locais, diferentes dos locais políticos, em que se exerce o direito de voto. Sintética mas eficazmente: para dar um juízo sobre o estado da democratização num dado país o critério não deve mais ser o de "quem" vota, mas o do "onde" se vota (e fique claro que aqui entendo o "votar" como o ato típico e mais comum do participar, mas não pretendo de forma alguma limitar a participação ao voto).

De agora em diante, quando nos colocarmos o problema de saber se houve desenvolvimento da democracia na Itália durante os últimos anos, deveremos procurar ver se aumentou não o número dos eleitores mas o espaço em que o cidadão pode exercer seu próprio poder de eleitor. Podemos assim considerar como reforma democrática nesta direção a que instituiu os conselhos escolares com a participação de representantes dos pais. (E devemos ao contrário considerar insuficiente e abortada, e abortada porque insuficiente, a reforma relativa às eleições de representantes estudantis nos conselhos universitários.)

Inútil esconder que este é um processo apenas iniciado, do qual ainda não estamos em condições de conhecer nem as etapas nem a duração. Não sabemos se está destinado a prosseguir ou a interromper-se, se procederá em linha reta ou em linha interrupta. Existem alguns sintomas encorajadores e outros nem tanto. Ao lado da necessidade de autogoverno existe o desejo de não ser de fato governado e de ser deixado em paz. O efeito do excesso de politização pode ser a revanche do privado. A participação multidirecional tem seu reverso da medalha, que é a apatia política. O custo que se deve pagar pelo empenho de alguns poucos é com frequência a indiferença de muitos. Ao ativismo dos líderes históricos ou não históricos pode corresponder o conformismo das massas.

Nada corrói mais o espírito do cidadão participante que o indiferentismo [qualunquismo] dos que cultivam o seu "particular". Trata-se de algo que já havia sido claramente percebido pelos antigos: "Consideramos todo aquele que não participa da vida do cidadão — afirma Péricles numa célebre sentença registrada por Tucídides — não como alguém que se ocupa apenas dos próprios negócios, mas como um indivíduo inútil."[9] Também Rousseau estava completamente ciente do fato: "Tão logo o serviço público deixa de ser a principal ocupação dos cidadãos e eles preferem servir com sua bolsa e não com sua pessoa, o Estado já se encontra próximo da ruína"; ou com uma das frases esculturais que lhe são próprias: "Tão logo alguém diga dos negócios de Estado: que me importam eles?, pode-se estar seguro de que o Estado está perdido."[10]

De qualquer modo, uma coisa é certa: os dois grandes blocos de poder descendente e hierárquico das sociedades complexas — a grande empresa e a administração pública — não foram até agora sequer tocados pelo processo de democratização. E enquanto estes dois blocos resistirem à agressão das forças que pressionam a partir de baixo, a transformação democrática da sociedade não pode ser dada por completa. Não podemos sequer dizer que esta transformação é realmente possível. Podemos apenas dizer que, se o avanço da democracia for de agora em diante medido pela conquista dos espaços até então ocupados por centros de poder não democrático, tantos e tão importantes ainda são estes espaços que a democracia integral

---

9. Tucídides, *La guerra del Peloponneso*, II, 40.
10. *Contratto sociale*, III, 15.

(posto que seja meta desejável e possível) ainda está distante e é incerta.

O deslocamento do ângulo visual do Estado para a sociedade civil nos obriga a considerar que existem outros centros de poder além do Estado. Nossas sociedades não são monocráticas mas policráticas. E isto basta para que nos vejamos inesperadamente sobre as areias movediças do pluralismo (digo "areias movediças" porque quem se aventurou nos últimos meses à disputa em torno do pluralismo me deu sempre a impressão de alguém que a cada esforço para sair fora com a cabeça afundava cada vez mais com os pés).[11]

Uma coisa porém é certa: tão logo abandonamos o ponto de vista restrito do sistema político e ampliamos a visão para a sociedade subjacente, deparamo-nos com centros de poder que estão dentro do Estado mas que não se identificam imediatamente com o Estado. Neste ponto, é inevitável que o problema da democracia encontre e por assim dizer englobe o problema do pluralismo.

É preciso no entanto fazer uma advertência preliminar. Na recente discussão sobre o pluralismo, ouviu-se frequentemente dizer que sociedade pluralista e sociedade democrática são a mesma coisa e que portanto — já que não se deve multiplicar os entes inúteis, tanto em filosofia

---

11. A puro título de curiosidade, assinalo que alguns dos mais importantes artigos sobre o pluralismo publicados na imprensa italiana nos últimos meses de 1976 foram reunidos num pequeno volume intitulado *Il pluralismo*, organização de G. Rossini, com prefácio de G. Bodrato, Edizioni Cinque Lune, Roma, 1977.

como nos Estados bem governados (como é notoriamente o italiano, onde não só o provisório é o único permanente como o supérfluo é o único necessário) — o conceito de pluralismo serve tão somente para dar vazão à paixão dos cultos pelas disputas bizantinas. Isto não é verdade: o conceito de democracia e o conceito de pluralismo, diria um lógico, não têm a mesma extensão. Pode-se muito bem encontrar uma sociedade pluralista que não seja democrática e uma sociedade democrática que não seja pluralista.

Para representar a primeira, a mente chega imediatamente à sociedade feudal, que é o exemplo historicamente mais convincente de uma sociedade constituída por vários centros de poder, com frequência concorrentes entre si, e por um poder central muito débil, que hesitaríamos em chamar de Estado no sentido moderno da palavra, isto é, no sentido de que o termo "Estado" está referido aos Estados territoriais que nascem exatamente da dissolução da sociedade medieval. A sociedade feudal é uma sociedade pluralista mas não é uma sociedade democrática: é um conjunto de várias oligarquias.

Para representar a segunda, temos o exemplo da democracia dos antigos, na qual toda a atividade pública se desenvolvia na pólis e na qual, por ser a democracia direta, inexistia qualquer corpo intermediário entre o indivíduo e a cidade. Rousseau tinha em mente a democracia dos antigos e a democracia direta quando, condenando as "sociedades parciais" como nocivas à formação da vontade geral — pois, dizia, a opinião que acabaria por prevalecer seria uma opinião particular —, apresentava as condições de uma democracia não pluralista e, mais ainda, sustentava que o pluralismo seria a ruína da democracia.

Se os conceitos de democracia e de pluralismo não coincidem, a disputa a respeito da relação entre um e outro não só não é inútil como se torna um momento necessário se se quer compreender com exatidão os desenvolvimentos e os não desenvolvimentos do processo de democratização, do qual estamos falando. É um fato que as nossas sociedades, à diferença da antiga pólis, são sociedades com vários centros de poder. E é simplesmente uma consequência deste fato que a democracia dos modernos deva fazer as contas com o pluralismo, diferentemente do que ocorria na democracia dos antigos. Antes de ser uma teoria, o pluralismo é uma situação objetiva na qual estamos imersos. Que a atual sociedade italiana seja uma sociedade pluralista não é uma invenção dos católicos ou dos comunistas mas uma realidade que os católicos e os comunistas, e inclusive os que não são nem católicos nem comunistas, procuram interpretar, cada um a seu modo, e da qual procuram prever a evolução (para não ficarem atrás) ou a involução (para apresentar-lhe remédio).

Divida-se por comodidade a sociedade italiana nestes três níveis: econômico, político e ideológico. Não há dúvida de que em todos os três ela é uma sociedade articulada em grupos diversos e contrapostos, entre os quais correm tensões profundas, explodem conflitos lacerantes e se desenrola um contínuo processo de decomposição e recomposição. Existe pluralismo no nível econômico onde existem ainda em parte uma economia de mercado, várias empresas em concorrência entre si, um setor público distinto do setor privado etc.; pluralismo político quando existem vários partidos ou vários movimentos políticos que disputam entre si, através do voto ou de outros meios, o poder na sociedade e no Estado; pluralismo ideológico na medida em que não existe uma doutrina de Estado única mas diversas orientações de pensamento, diversas visões do mundo, diversos programas políticos com livre curso e dando vida a uma opinião pública não homogênea, não monocórdia, não uniforme. Que todas estas três condições estejam presentes na sociedade italiana, sob formas que muitas vezes parecem exasperadas para o observador externo, é um dado da nossa experiência cotidiana.

O que significa então dizer que a democracia dos modernos deve fazer as contas com o pluralismo? Significa dizer que a democracia de um Estado moderno nada mais pode ser que uma democracia pluralista. Vejamos por quê. A teoria democrática e a teoria pluralista têm em comum o fato de serem duas propostas diversas mas não incompatíveis (ao contrário, são convergentes e complementares) contra o abuso de poder; representam dois remédios diversos mas não necessariamente alternativos contra o poder exorbitante. A teoria democrática toma em consideração o poder autocrático, isto é, o poder que parte do alto, e sustenta que o remédio contra este tipo de poder só pode ser o poder que vem de baixo. A teoria pluralista toma em consideração o poder monocrático, isto é, o poder concentrado numa única mão, e sustenta que o remédio contra este tipo de poder é o poder distribuído.

A diversidade destes dois remédios depende do fato de que poder autocrático e poder monocrático não são a mesma coisa: voltando aos exemplos já mencionados, a república de Rousseau é simultaneamente democrática e monocrática, enquanto a sociedade feudal é simultaneamente autocrática e policrática. Mas se poder autocrático e poder monocrático não são a mesma coisa, são então possíveis outros dois tipos ideais de Estado: o Estado que é simultaneamente monocrático e autocrático, do qual o exemplo histórico mais evidente é a monarquia absoluta através da qual se foi formando o Estado moderno, e o Estado que é simultaneamente democrático e policrático, no qual vejo a característica básica da democracia dos modernos.

Em outras palavras, a democracia dos modernos é o Estado no qual a luta contra o abuso de poder é travada paralelamente em duas frentes — contra o poder que parte do alto em nome do poder que vem de baixo, e contra o poder concentrado em nome do poder distribuído. E não é difícil explicar quais são as razões objetivas que tornam necessário este ataque a partir de duas frentes. Onde a democracia direta é possível, o Estado pode muito bem ser governado por um único centro de poder, por exemplo a assembleia dos cidadãos. Onde a democracia direta, em decorrência da vastidão do território, do número de habitantes e da multiplicidade dos problemas que devem ser resolvidos, não é possível e deve-se então recorrer à democracia representativa, a garantia contra o abuso de poder não pode nascer apenas do controle a partir de baixo, que é indireto, mas deve também poder contar com o controle recíproco entre os grupos que representam interesses diversos, os quais se exprimem por sua vez através de diversos movimentos políticos que lutam entre si pela conquista temporária e pacífica do poder.

Como já se disse várias vezes, o defeito da democracia representativa, se comparada com a democracia direta, consiste na tendência à formação destas pequenas oligarquias que são os comitês dirigentes dos partidos; tal defeito somente pode ser corrigido pela existência de uma pluralidade de oligarquias em concorrência entre si. Tanto melhor porém se aquelas pequenas oligarquias, mediante uma democratização da sociedade civil — mediante a conquista dos centros de poder da sociedade civil por parte de indivíduos dispostos a participar e a participar de modo sempre mais qualificado —, tornam-se cada vez menos oligárquicas, fazendo com que o poder não seja apenas distribuído mas também controlado.

O pluralismo enfim nos permite apreender uma característica fundamental da democracia dos modernos em comparação com a democracia dos antigos: a liberdade — melhor: a liceidade — do dissenso. Esta característica fundamental da democracia dos modernos baseia-se no princípio segundo o qual o dissenso, desde que mantido dentro de certos limites (estabelecidos pelas chamadas regras do jogo), não é destruidor da sociedade mas estimulante, e uma sociedade em que o dissenso não seja admitido é uma sociedade morta ou destinada a morrer. Entre as mil coisas que a cada dia se pode ler sobre estes problemas, nenhuma me pareceu mais convincente que um artigo de Franco Alberoni, publicado no *Corriere della Sera* de 9 de janeiro de 1977 e intitulado "Democracia quer dizer dissenso". Alberoni parte de uma mesa-redonda televisionada na qual algumas conhecidas personalidades sustentam que se tem um regime democrático quando se pode contar com o consenso dos associados, e afirma: "nada disso" — "A democracia é um sistema político que pressupõe o dissenso. Ela requer o consenso apenas sobre um único ponto: sobre as regras da competição", pois por democracia no Ocidente, explica, "entende-se um sistema político no qual não existe consenso mas dissenso, competição, concorrência".

Como frequentemente acontece quando se reage contra um erro, Alberoni caiu no extremo oposto: é evidente que a democracia não é caracterizada apenas pelo dissenso mas também pelo consenso (e não apenas sobre as regras do jogo). O que Alberoni queria dizer (de resto pode-se entender muito bem) é que para que exista um regime democrático não é necessário um consenso unânime, como pretendem que exista por amor ou pela força (mas um consenso obtido pela força pode ainda chamar-se consenso?) os regimes de democracia totalitária, os quais, como o próprio Alberoni afirma com precisão, ao invés de deixarem aos que pensam diversamente o direito de oposição, querem reeducá-los para que se tornem súditos fiéis. Para que exista uma democracia, basta o consenso da maioria. Mas exatamente o consenso da maioria implica que exista uma minoria que dissente.

Mas o que fazemos com os que dissentem, uma vez admitido que o consenso unânime é impossível e que onde se diz que existe é um consenso organizado, manipulado, manobrado e portanto fictício, é o consenso de quem, para repetir o famoso mote de Rousseau, está obrigado a ser livre? De resto, que valor tem o consenso onde o dissenso é proibido?, onde não existe opção entre consenso e dissenso, onde o consenso é obrigatório e até mesmo premiado, e onde o dissenso não apenas é proibido mas é também punido?; é ainda consenso ou é pura e simples aceitação passiva do comando do mais forte?; se o consenso não é livre que diferença existe entre o consenso e a obediência ao superior tal qual prescrita por todos os ordenamentos hierárquicos? Mas então, se não podemos aceitar o consenso unânime como uma forma mais perfeita de consenso e, portanto, devemos reconhecer que num sistema fundado sobre o consenso é impossível não existir também o dissenso, o que fazemos, repito a pergunta, com os que dissentem? Devemos eliminá-los ou os deixamos sobreviver? E se os deixamos sobreviver, os aprisionamos ou os deixamos circular, os amordaçamos ou os deixamos falar, os expulsamos como réprobos ou os mantemos entre nós como livres cidadãos?

É inútil esconder que a prova de fogo de um regime democrático está no tipo de resposta que consegue dar a estas perguntas. Com isto não quero dizer que a democracia seja um sistema baseado no dissenso e não no consenso. Quero dizer que, num regime que se apoia no consenso não imposto de cima para baixo, alguma forma de dissenso é inevitável e que apenas onde o dissenso é livre para se manifestar o consenso é real, e que apenas onde o consenso é real o sistema pode proclamar-se com justeza democrático. Por isto afirmo existir uma relação necessária entre democracia e dissenso, pois, repito, uma vez admitido que democracia significa consenso real e não fictício, a única possibilidade que temos de nos certificar de que o consenso é real é nos certificando de seu contrário. Mas como podemos nos certificar disso se o impedimos?

Não pretendo abordar nessa ocasião o problema da dialética entre consenso e dissenso, e menos ainda o problema dos limites do dissenso, que existem e não podem não existir em todos os sistemas. Assim como não existe um sistema em que, apesar de todas as limitações impostas pela autoridade, não transpareça o dissenso, assim também não existe um sistema em que não existam limites ao dissenso, não obstante a proclamação da liberdade de opinião, de imprensa etc. A realidade não conhece tipos ideais, mas apenas diversas aproximações a um ou a outro tipo.

Mas existe uma diferença entre o admitir todas as formas de organização política menos a que se considera subversiva (ou seja, a que não respeita as regras do jogo) e o excluir todas as formas de organização política menos a oficial (ou seja, a que impõe não apenas as regras do jogo, mas também o único modo através do qual se deve jogar). Entre uma forma extrema e outra existem centenas de diferentes formas intermediárias. Entre o despotismo puro e a democracia pura há centenas de formas diversas mais ou menos despóticas e mais ou menos democráticas. E pode ainda acontecer que uma democracia controlada seja o iní-

O FUTURO DA DEMOCRACIA | 103

cio do despotismo, bem como que um despotismo atenuado seja o início de uma democracia. Mas o critério discriminante existe, e é a maior ou menor quantidade de espaço reservado ao dissenso.

Creio assim ter explicado por que vinculei o problema do pluralismo ao problema do dissenso. Bem consideradas as coisas, apenas numa sociedade pluralista o dissenso é possível: mais ainda, não apenas é possível, mas necessário.

Tudo portanto se completa: refazendo o percurso em sentido contrário, a liberdade de dissentir tem necessidade de uma sociedade pluralista, uma sociedade pluralista permite uma maior distribuição do poder, uma maior distribuição do poder abre as portas para a democratização da sociedade civil e finalmente a democratização da sociedade civil alarga e integra a democracia política.

Creio assim ter indicado, embora com as imprecisões e insuficiências de que estou perfeitamente consciente, a estrada que pode conduzir ao alargamento da democracia sem desembocar necessariamente na democracia direta. Pessoalmente, estou convencido de que a estrada é justa, embora repleta de perigos. Porém, estou também convencido de que a atitude do bom democrata é a de não se iludir com o melhor e não se resignar com o pior.

Os vínculos da democracia

QUANDO SE PÕE O PROBLEMA do "novo modo de fazer política" — com uma fórmula aliás desgastada pelo longo uso e pelo abuso e, como todas as fórmulas políticas, carregada mais de força sugestiva que de significado — não se deve dirigir a atenção apenas para os eventuais novos sujeitos e para os eventuais novos instrumentos de intervenção, mas também, e acima de tudo, para as regras do jogo com as quais se desenrola a luta política num determinado contexto histórico.

O discurso sobre as regras do jogo é extremamente importante, e não pode ser eliminado se não se deseja cair em um problema malposto e, nesta medida, insolúvel. E isto ao menos por duas razões. Antes de tudo, porque o que distingue um sistema democrático dos sistemas não democráticos é um conjunto de regras do jogo. Mais precisamente, o que distingue um sistema democrático não é apenas o fato de possuir suas próprias regras do jogo (todo sistema as tem, mais ou menos claras, mais ou menos complexas), mas sobretudo o fato de que estas regras, amadurecidas ao longo de séculos de provas e contraprovas, são muito mais elaboradas que as regras de outros sistemas e encontram-se hoje, quase por toda parte, constitucionalizadas, como acontece por exemplo na Itália. Já tive a oportunidade de dizer, e não me canso de repetir, que quem não se deu conta de que por sistema democrático entende-se hoje preliminarmente um conjunto de regras procedimentais, das quais a regra da maioria é a principal mas não a única, não compreendeu nada e continua a não compreender nada a respeito da democracia.[1] Não quero com isto dizer que é suficiente um governo respeitar as regras do jogo para ser considerado um bom governo. Quero apenas dizer que num determinado contexto histórico, no qual a luta política é conduzida segundo certas regras e o respeito a estas constitui o fundamento da legitimidade (até agora não desmentido, apesar de tudo) de todo o sistema, quem se põe o problema do novo modo de fazer política não pode deixar de exprimir a própria opinião sobre estas regras, dizer se as aceita ou não, como pretende substituí-las se não as aceita etc.

Sobre a importância, a natureza e a reforma ou substituição das "regras da democracia", parece-me que geralmente a esquerda não tem as ideias claras (com exceção daqueles que contrapõem à luta regulada uma luta sem exclusão de golpes, entre os quais a violência nua e crua). Dou dois exemplos. Numa conhecida intervenção (conhecida por ter dado lugar a um debate que durou meses e que se concluiu com um livro),[2] Althusser escreve que o

---

1. Refiro-me em particular ao que afirmei a este respeito em *Quale socialismo?*, Turim, Einaudi: 1976, pp. 41-45. [Trad. bras. *Qual socialismo?* Rio de Janeiro: Paz e Terra, 1983.]

2. AA. VV., *Discutere lo stato*, Bari: De Donato, 1978.

partido "respeitará as regras do jogo naquela que seus interlocutores consideram, segundo a ideologia jurídica clássica, a esfera do político", mas logo depois acrescenta que "a destruição do Estado burguês não significa a supressão de toda regra do jogo, mas a transformação profunda dos seus aparatos".[3] Não é uma afirmação genérica demais? Não se trata, segundo Althusser, de suprimir todas as regras do jogo. Está bem: mas pode-se saber quais serão suprimidas e quais não? Já tive a ocasião de exprimir minha satisfação pelo fato de que nem todas as regras do jogo serão suprimidas, mas sublinhei também minha apreensão por não me terem dito antecipadamente quais são as regras boas para se conservar e quais as regras ruins a serem eliminadas.[4] Mas será possível, num sistema como o sistema democrático, que é tão compacto e coerente do ponto de vista dos procedimentos por ele criados, que estão verificados pela experiência e cristalizados há séculos, distinguir com tanta segurança as regras a serem mantidas das que devem ser descartadas? Conservaremos o sufrágio universal, mas não a liberdade de opinião? a liberdade de opinião, mas não a pluralidade dos partidos? a pluralidade dos partidos, mas não a proteção jurídica dos direitos civis? Em suma, afirmar que nem todas as regras do jogo serão suprimidas é um modo de subtrair-se à obrigação de esclarecer o próprio ponto de vista a respeito de um problema tão central como é exatamente este das regras do jogo, e é

---

3. *Ibid*, p. 16.
4. "Teoria dello stato o teoria del partito?", *ibid*, p. 103.

sobretudo um indício da absoluta ausência de ideias acerca da sua possível resolução.

Segundo exemplo. Num artigo recente, interessante sob diversos aspectos e digno de ser discutido, Asor Rosa escreve que o sistema democrático tem regras "efetivamente inelutáveis", mas condena sua absolutização, por ele considerada indébita; sustenta por isto que "a democracia, exatamente enquanto *sistema das mediocridades* que não se absolutiza e não se eleva ele próprio a fim (...), é como aquele *jogo* que aceita recolocar em discussão as próprias regras. *Se não o faz é outra coisa*".[5] Que até mesmo as regras do jogo possam ser modificadas é uma afirmação indubitável, sobre a qual um bom democrata não pode deixar de estar de acordo. Prova disto é o fato de que em todas as constituições democráticas estão previstos procedimentos para a revisão das próprias normas constitucionais, bem como o fato de que tais modificações ocorreram historicamente, com a consequência de que nem todas as constituições democráticas têm as mesmas regras (para dar um exemplo banal, pense-se na diferença entre forma de governo presidencial e forma de governo parlamentar); mais ainda: algumas regras sobrevieram apenas num segundo ou terceiro momento da evolução de tais constituições, como por exemplo as regras referentes ao controle da constitucionalidade das leis ordinárias que, de fato, não foram incorporadas em toda parte. Mas estar de acordo

---

5. A. Asor Rosa, "La felicità e la politica", *in Laboratorio politico*, 1981, n° 2, p. 31.

sobre a tese de que também as regras do jogo podem ser modificadas não faz avançar um milímetro a solução do problema mais difícil, qual seja, o de saber se todas as regras podem ser modificadas e o de estabelecer, caso não possam ser todas modificadas, as que podem e as que não podem sofrer modificações. Para dar o habitual exemplo ("habitual", mas desta vez nem um pouco banal): pode-se modificar por maioria a própria regra da maioria? Em poucas palavras: se uma maioria parlamentar decide, como já ocorreu na história, abolir o regime parlamentar e atribuir a um chefe ou a uma oligarquia restrita o poder de tomar decisões vinculatórias para toda a coletividade, o sistema daí derivado ainda é uma democracia apenas pelo fato de ter sido instituído democraticamente? Certo, se uma democracia não aceita colocar em discussão as próprias regras "é outra coisa". Mas não se torna ainda mais abertamente "outra coisa" se certas regras, como a regra da maioria, são postas em discussão? E então, não existe talvez um problema preliminar àquele, igualmente importante, da corrigibilidade do sistema — qual seja, o de saber se não existem limites intransponíveis neste processo de revisão contínua e, no caso de existirem (e não duvido que existam), o de saber quais são eles?

A segunda razão pela qual é necessário introduzir o debate sobre as regras do jogo num discurso sobre os sujeitos e sobre os instrumentos do "fazer política" está no fato de que é impossível desconsiderar que existe um estreitíssimo nexo entre as regras dadas e aceitas do jogo político, de um lado, e os sujeitos que são os atores deste jogo e os instrumentos que podem ser usados para levá-lo a bom termo, de outro. Para insistir na metáfora, existe um estreitíssimo nexo que liga as regras do jogo aos jogadores e a seus movimentos. Mais precisamente: um jogo consiste exatamente no conjunto de regras que estabelecem quem são os jogadores e como devem jogar, com a consequência de que, uma vez dado um sistema de regras do jogo, estão dados também os jogadores e os movimentos que podem ser feitos. Qualquer pessoa pode preferir um jogo no qual os dois adversários troquem não apenas socos mas também pontapés, desde que perceba que está simplesmente propondo um jogo diverso, contrapondo a luta livre ao pugilato. (A ninguém porém seria lícito, caso não queira ser tido por louco, inventar e defender um jogo no qual um dos dois jogadores tenha o direito de dar apenas socos e o outro também pontapés; entretanto, no debate político isto ocorre com frequência.)

Pois bem, no jogo político democrático — e por sistema democrático entenda-se justamente um sistema cuja legitimidade depende do consenso verificado periodicamente através de eleições livres por sufrágio universal — os atores principais estão dados, e são os partidos (no sistema italiano inclusive constitucionalmente, cf. artigo 49); também está dado o modo principal de fazer política para a maioria dos componentes da comunidade nacional: as eleições. Disto não se pode fugir. Regras do jogo, atores e movimentos fazem um todo único. Não se pode separar uns dos outros. Na teoria das regras distinguem-se as regras constitutivas das regras reguladoras: enquanto estas segundas limitam-se a regular comportamentos que os homens desenvolvem mesmo se inexistem regras a eles precedentes (como por exemplo o nutrir-se, o acasalar-se, o passear pela rua), as primeiras constituem elas próprias os comportamentos previstos. As regras dos jogos são tipicamente regras constitutivas — a obrigação de mover o cavalo daquele determinado modo não existe fora do jogo de xadrez.[6] E são igualmente constitutivas muitas das regras do jogo político: o comportamento eleitoral não existe fora das leis que instituem e regulam as eleições. Os homens se acasalam também independentemente das normas do direito civil que regulam o matrimônio, mas não votam a não ser porque existe uma lei eleitoral. Neste sentido, regras do jogo, atores e movimentos são solidários entre si, pois atores e movimentos devem sua existência às regras. Em consequência, não se pode aceitar as regras, recusar os atores e propor outros movimentos. Ou melhor, pode-se, mas desde que se esteja consciente de que se está saltando pela janela e não saindo pela porta. O que é absurdo (ou melhor inconcludente) é imaginar um modo diverso de fazer política com atores e movimentos diversos sem levar em conta que, para fazê-lo, é preciso mudar as regras que previram e criaram aqueles atores e organizaram aqueles movimentos nos mínimos detalhes. Este discurso pode agradar ou não, mas é o único discurso realista que uma nova esquerda, se acaso existe, pode fazer.

---

6. Para maiores esclarecimentos sobre o tema das regras constitutivas, remeto ao meu verbete *Norma*, no vol. IX da *Enciclopédia Einaudi*, Turim, 1980. pp. 896-97.

Tais considerações sobre a relação regras-atores-comportamentos nos permitem compreender porque 1968 (já que se fala de nova esquerda o discurso sobre 68 é inevitável) foi uma verdadeira ruptura. De fato, não apenas fez surgir novos atores, os grupos, os grupúsculos, em geral o "movimento", mais que os partidos no sentido tradicional da palavra; não apenas inventou um novo modo de fazer política com novos atores, assembleias, manifestações e agitações de rua, ocupações de prédios públicos, interrupções de aulas e de reuniões universitárias; mas também refutou algumas das regras fundamentais do sistema democrático, a começar das eleições (com a destruição dos organismos representativos denominados pejorativamente de parlamentozinhos) e do instituto da representação sem mandato imperativo, substituindo-os pelo princípio da democracia direta e da revogação do mandato. Saber porque esta ruptura produziu apenas uma série de convulsões e não uma transformação do sistema (tendo provavelmente contribuído para a sua piora) é um problema impossível de ser discutido neste momento. Uma das razões é por certo a debilidade das propostas alternativas exatamente no que se refere às regras do jogo, ou seja, a ausência de uma alternativa que não fosse a da alteração das relações de força à base do pressuposto de que a única alternativa à luta regulada é a vitória do mais forte.

É uma verdade indiscutível que a transformação não ocorreu e que o sistema democrático, embora com muitas dificuldades e num processo de lenta deterioração, acabou por resistir, mesmo diante da vasta área dos "autonomistas" e da inegável vitalidade do partido armado. Resistiu mal, resiste sempre pior, mas resistiu. Quando digo que resistiu não obstante as falhas, quero assinalar que seus principais atores, os partidos tradicionais, acabaram por sobreviver e continuaram a recolher em torno de si a imensa maioria dos consensos, não obstante as imprecações, as lamúrias e os protestos; os "ritos" eleitorais continuaram a ser celebrados com regularidade e, mais ainda, acabaram por se multiplicar em decorrência da duração cada vez mais breve das legislaturas e da introdução, em 1974, dos *referendum*. A abstenção eleitoral aumentou, mas até agora de maneira não preocupante; de resto, a apatia política não é de forma alguma um sintoma de crise de um sistema democrático mas, como habitualmente se observa, um sinal da sua perfeita saúde: basta interpretar a apatia política não como recusa ao sistema mas como benévola indiferença. Além do mais, para os partidos que vivem e prosperam num sistema político caracterizado por grande abstenção, como por exemplo para os partidos norte-americanos, pouco importa que as pessoas deixem de votar. Ao contrário: menos gente vota, menos pressões recebem. Também os nossos partidos fingem estar preocupados com o crescente abstencionismo. Na verdade, estão preocupados não com o abstencionismo em si, que os deixaria mais livres para o desenvolvimento das manobras cotidianas, mas com o fato de que as abstenções podem criar vantagens para o partido adversário; em substância, temem que os eleitores do próprio partido sejam mais abstencionistas que os dos demais.

De outra parte, quantos foram os grupos revolucionários formados naqueles anos ("revolucionários" exatamente no sentido de que contestavam não apenas os atores e os comportamentos tradicionais, mas também as regras do jogo)? Quantos deles sobraram depois de terem sido decompostos, recompostos, novamente decompostos num movimento sem fim? Os que desejaram, a um certo ponto, fazer política por fora do sistema dos partidos e dos partidos do sistema tiveram que dar vida, como fez o Partido Radical italiano, a um partido novo, que malgrado a novidade é um partido como todos os outros. O mesmo fizeram, ainda que com menor sucesso, alguns grupos extraparlamentares, que tiveram de se resignar, quase por necessidade, a constituir partidos geralmente efêmeros e com poucos seguidores, ao passo que alguns de seus fundadores, políticos por paixão e por vocação, preferiram ingressar num ou noutro dos partidos do sistema. É mais do que natural que os medíocres resultados eleitorais destes novos partidos tenham continuado a alimentar a tentação ou a ilusão do novo modo de fazer política, das novas vias para a política. Mas, que estas vias até agora não nos conduziram muito longe é uma realidade que deve forçosamente nos fazer refletir sobre a articulação, aqui enfatizada insistentemente, entre as novas vias e a lógica do sistema, que não as prevê ou apenas concede a elas reduzidíssimos espaços. O mesmo discurso vale para os sindicatos, que também fazem parte de um determinado sistema, possível de ser denominado capitalista-conflituoso: um sistema que tem suas regras (entre as quais se incluem o direito de greve e o contrato coletivo de trabalho) e que não pode ser facilmente sobrepujado ou substituído. Mas mesmo neste caso, a nova esquerda jamais delineou claramente viu sistema alternativo, limitando-se a apelar, mais que para novas formas de agregação, para a classe em si mesma, mais que para novas formas de organização, para a ausência de qualquer organização, para o assim chamado "espontaneísmo", um dos tantos mitos da esquerda obreirista. Nos sistemas do socialismo realizado, o sindicato perde a sua razão de ser porque estes sistemas não são mais capitalistas mas nem por isso são mais conflituosos. O caso da Polônia fala por si próprio e não é fácil prever como terminará.

A referência ao sindicato abre o discurso sobre o remanescente modo de fazer política, num sistema democrático, mediante a agregação de interesses parciais que se afirmam exatamente através das organizações sindicais. Quando os interesses agregados são a expressão de uma categoria vasta como a dos operários, a organização ou as organizações que os reúnem têm uma influência política maior que a exercida por associações de categorias menores. Mas hoje estamos obrigados a constatar, a cada dia, quão grande é o peso político de grupos que, embora muito reduzidos, estão em condições de paralisar uma atividade de importância primária para a coletividade nacional como é, por exemplo, a dos transportes. Entendâmo-nos bem: todas estas diversas formas de agregação de interesses também constituem um modo indireto de fazer políti-

O FUTURO DA DEMOCRACIA | 115

ca no âmbito do sistema. A tese segundo a qual o sujeito da transformação do sistema é o sindicato e não o partido é a velha ideia do sindicalismo revolucionário que a nova esquerda jamais retomou seriamente; aliás, não podia mesmo retomá-la num contexto histórico em que o sindicato tornara-se um ator previsto e de algum modo regulado pelo próprio sistema, e depois que todas as diversas correntes da esquerda revolucionária tinham sido diretamente influenciadas pelo leninismo, que fizera do partido de vanguarda (e não do sindicato) o ator da transformação (transformação que pressupunha a conquista do poder exatamente pelo partido de vanguarda).

O discurso sobre as vias da política num sistema democrático não terminaria se não se levasse em conta as formas de agregação em torno não de interesses especificamente econômicos, mas de interesses relativos às condições de desenvolvimento da própria personalidade ou assemelhados, para as quais se pode hoje aplicar a expressão — tão cômoda quanto sibilina — "qualidade da vida". Refiro-me seja a movimentos sociais, como o movimento feminino, os diversos movimentos de jovens, os movimentos de homossexuais, seja a movimentos de opinião que visam a defesa e a promoção de direitos fundamentais, como as várias ligas dos direitos do homem e em defesa de minorias linguísticas ou raciais, ou como a Anistia Internacional, que empreendeu entre outras uma campanha pela abolição da pena de morte no mundo. Estes movimentos são reconhecidos (e dentro de certos limites, variáveis de país para país, são também tolerados) num sistema democrático com base nos dois princípios fundamentais da liberdade de associação e da liberdade de opinião. Os quais devem ser interpretados como verdadeiras precondições para o funcionamento das regras do jogo, particularmente da fundamental e caracterizante regra segundo a qual nenhuma decisão coletiva vinculatória pode ser tomada e implementada se não repousar em última instância sobre o consenso manifestado através de periódicas eleições por sufrágio universal. Liberdade de associação e liberdade de opinião devem ser consideradas como condições preliminares para o bom funcionamento de um sistema democrático, pois colocam os atores deste sistema (fundado na demanda vinda de baixo e na livre escolha das decisões ou dos delegados que devem decidir) em condições de exprimir as próprias demandas e de tomar as decisões após criteriosa avaliação e na sequência de uma livre discussão. Naturalmente, nem a liberdade de associação nem a de opinião podem ser admitidas de forma ilimitada, como de resto qualquer outra liberdade. O deslocamento dos limites numa direção ou em outra determina o grau de democraticidade de um sistema. Onde os limites aumentam, o sistema democrático é alterado, onde as duas liberdades são suprimidas, a democracia deixa de existir.

Inútil dizer que este modo de fazer política mediante movimentos sociais ou movimentos de opinião, exatamente na medida em que é reconhecido ou tolerado pelo sistema e faz parte constitutivamente das regras do jogo, não pode ter como efeito a transformação do sistema, ao menos até que o sistema tenha o poder de controlá-lo ou, no mínimo, de limitá-lo sem anulá-lo por completo. O que aconteceu na Itália é um bom exemplo da dificuldade de distinguir associações lícitas e associações ilícitas, opiniões admissíveis e opiniões não admissíveis. O critério de discriminação último, porém, é sempre o de salvaguardar o sistema em seu conjunto, entendido o sistema como o fiz aqui, isto é, como um conjunto de regras-atores-comportamentos.

Não sei se estas minhas considerações podem ser consideradas ao mesmo tempo razoáveis e realistas. Estou certo porém de que serão consideradas frustrantes e desencorajantes por aqueles que, diante da degradação da nossa vida pública, do espetáculo vergonhoso de corrupção, de ignorância, de arrivismo e de cinismo que nos é oferecido diariamente por boa parte da nossa classe política (as exceções existem mas não bastam para alterar o quadro geral), pensam que o modo de fazer política consentido pelo sistema não é suficiente, não digo para transformá-lo, mas sequer para recuperá-lo, e acatam a ideia de que para males extremos são necessários remédios extremos (mas existem remédios extremos, como por exemplo o terrorismo, que apenas contribuem para agravar o mal). Assim pensando, sofrem com o estado de impotência a que estão forçados por aceitarem as regras do jogo, delas querendo escapar para não se resignarem a assistir passivamente à perda de tantas esperanças.

Quem escreve pertence a uma geração que perdeu as grandes esperanças há mais de trinta anos, pouco tempo depois da libertação e do fim da Segunda Guerra, e que não as reencontrou mais a não ser em alguns poucos momentos isolados, tão raros quanto passageiros e no fim das contas pouco decisivos: um por década — a derrota da lei fraude (1953), o advento da centro-esquerda (1964), o grande salto do partido comunista (1975).* Querendo-se encontrar as linhas de um processo, as três etapas podem ser assim interpretadas: a primeira, como a interrupção de uma precoce involução; a segunda, como o deslocamento do partido hegemônico, a Democracia Cristã, das alianças à direita (incluindo os neofascistas no Movimento Social Italiano) para as alianças em direção à esquerda; terceira, como a prefiguração de uma alternativa de esquerda. Quem tem atrás de si muitos anos de esperanças frustradas está mais resignado com a própria impotência. Mais resignado porque, tendo vivido metade da própria vida (a idade da formação) sob o fascismo, continua obstinadamente a crer, como de resto a maior parte de seus coetâneos, que uma má democracia (e a italiana é inega-

---

* Referência a três importantes episódios da vida política italiana do pós-guerra. Em 1953, o democrata-cristão De Gasperi, então presidente do Conselho de Ministros, apresentou nova lei eleitoral destinada a reduzir a força parlamentar da esquerda; as eleições então realizadas terminaram sobretudo com a derrota da nova lei, graças ao forte incremento do voto de esquerda. Em 1964, tendo o democrata-cristão Aldo Moro na chefia do gabinete e o socialista Pietro Nenni na vice-chefia, constituiu-se o governo de centro-esquerda, que durou, com diversas crises e poucas realizações, até 1968. Finalmente, em 1975, o Partido Comunista Italiano — à base da proposta do "compromisso histórico" e às vésperas do "eurocomunismo" — obtém grande êxito eleitoral e ultrapassa pela primeira vez a barreira dos 30% dos votos: alcança 33% deles, a maioria em 2/3 das administrações comunais e as prefeituras das principais cidades italianas, como Roma, Nápoles e Turim. [N. do T.]

O FUTURO DA DEMOCRACIA | 119

velmente má) é sempre preferível a uma boa ditadura (como ditadura, a mussoliniana foi certamente melhor que a hitleriana); melhor não ter uma política externa do que ter uma agressiva, belicosa e destinada à catástrofe; dez partidos brigadores são mais toleráveis que um único "graniticamente" unido sob a direção infalível de seu chefe; a sociedade corporativa, mas livre, é menos insuportável que o Estado corporativo, e assim por diante. Mas compreendo bem que estas observações não valem para os mais jovens, que não conheceram o fascismo e conhecem apenas esta nossa democracia menos que medíocre, e que não estão dispostos a aceitar o argumento do mal menor. Os mais jovens, ao contrário, conheceram a estação exaltante mas enganadora de 1968 e pouco se tranquilizam com o fato de que a festa tenha terminado no banal, e infelizmente também trágico, cotidiano. Poder-se-ia talvez fazer uma tentativa de explicar porque é que aquela feliz estação terminou assim tão mal: grande movimento na superfície, nas universidades, também nas escolas, que chegou a algumas fábricas, às cidades. Porém, e em profundidade e no resto do país? Que coisa realmente mudou na sociedade real, aquela que não se vê porque não aparece nas primeiras páginas dos jornais, na sociedade "submersa", aquela dos que continuaram a votar na democracia cristã como se nada tivesse ocorrido, ou dos que deram alguns votos a mais para os comunistas em 1975 e 1976 e, depois em parte os retiraram, ou dos que dedicam a maior parte das horas de distração para comentar as partidas de futebol do domingo ou que leem, e continuam a ler, gibis e fotonovelas ao invés dos *Quaderni Piacentini**? Mudou? Ou permaneceu a mesma? E se estava mudando lentamente era porque mudava a sociedade global em que estava imersa sem saber, e não porque quatro jovens inflamados e animados por sincero espírito de justiça haviam hasteado a bandeira da luta contra a injustiça, contra a repressão, contra a sociedade de consumo, contra os privilégios, e desejavam a imaginação e não a obtusidade no poder?

O argumento do mal menor é, percebo bem, uma magra consolação. E não é muito reconfortante nem mesmo o argumento de que as mudanças sociais são lentas, quase imperceptíveis, e que é preciso não sermos impacientes demais. Não creio que este segundo argumento sirva para consolar os mais jovens da impotência em que se encontram para modificar o presente estado de coisas, com relação ao qual os anos em que explodiram as revoltas da juventude podem ser agora julgados como anos de vacas gordas e de relações políticas e humanas ainda decentes (a degradação do nosso sistema político deve ser datada do massacre ocorrido na praça Fontana).** Mas ele ao menos

---

* *Quaderni Piacentini*: revista periódica de esquerda, muito influente nos anos 1970. [*N. do T.*]

** Em 12 de dezembro de 1969, com uma bomba que explode no Banco Nacional de Agricultura localizado na Praça Fontana, em Milão, matando diversas pessoas, inicia-se um complicado período da história política italiana, marcado pelo terrorismo. Agindo nas sombras da clandestinidade, o terror daqueles anos realiza alguns atentados brutais e sanguinolentos com o intuito de atribuir a culpa às esquerdas e utilizar o medo dos cidadãos para dar vida a um governo autoritário. Até hoje, não se sabe com exatidão quem comandou as chacinas de então, mas são muitas as suspeitas de envolvimento de setores da vida política e do aparato repressivo do Estado italiano. [*N. do T.*]

serve para explicar por que é que do sentimento de impotência nasceu o assim chamado refluxo.

Já foi observado que o refluxo tornou-se um recipiente em que foram colocadas as mais diversas coisas.[7] Sendo assim, parece-me não de todo inútil esboçar sua fenomenologia, inclusive porque creio ser este o único modo de começar a compreender se dele é possível sair e como. Tentar uma fenomenologia do refluxo significa distinguir, no fenômeno geral, fenômenos diversos que requerem tratamentos específicos (desde que considerados como doenças a serem combatidas). Parece-me que podem ser distinguidos ao menos três destes fenômenos, que denomino, na falta de termos melhores, de separação da política, renúncia à política e recusa à política.

O primeiro encontra sua expressão mais incisiva na fórmula: "Nem tudo é política." Uma fórmula que é a antítese clara do caráter onipresente da política que foi uma das grandes motivações ideais e práticas da geração de 1968. Tudo somado, creio que a nova fórmula (que, aliás, é velhíssima) realmente não é regressista nem reacionária, e menos ainda indiferentista. A politização integral da própria vida é a via que conduz ao Estado total e àquilo que Dahrendorf chamou de cidadão total, para o qual a pólis é tudo e o indivíduo nada. Na história da qual somos os herdeiros diretos, o Estado não é tudo; em cada época sempre existiu ao lado do Estado um não Estado sob a forma de sociedade religiosa contraposta à sociedade política, ou da vida contemplativa

---

7. F. Erbani, "Le ambiguità del 'reflusso'", in *Nord e Sud*, XXVIII (1981), pp. 23-33.

contraposta à vida ativa, ou ainda apenas do conjunto das relações econômicas, fechadas no âmbito da família ou abertas em direção ao mercado, distintas das relações de pura dominação que caracterizam o Estado. Apenas em momentos extraordinários, de rápidas e profundas transformações, a atividade política absorve todas as energias, torna-se predominante e exclusiva, não consente distrações nem demarcações de esferas. Mas estes são geralmente momentos de curta duração, como foi por exemplo para a minha geração o engajamento na Resistência (terminada a qual muitos retomaram suas ocupações habituais, que tinham interrompido, mas não cancelado da mente). Nos momentos em que a ação política entra de novo em seu próprio âmbito, que é aquele marcado pela paixão pelo poder, e no qual sobressaem as artes do leão e da raposa, o homem comum busca salvação na vida privada, que passa então a ser exaltada como o porto em que é possível salvar-se das tempestades da história, e o filósofo escreve: "Estas turbas não me induzem nem ao choro nem ao riso, mas bem mais a filosofar e a observar melhor a natureza humana (...) Deixo portanto que cada um viva conforme suas próprias inclinações e quem quiser morrer que morra em paz, desde que a mim seja possível viver para a verdade[8]".Pregaram a abstenção da vida política os epicuristas no período da crise das cidades gregas e os libertinos na época em que se acirraram as guerras religiosas; nestes últimos anos, com uma intensidade há tempo desconhecida pela nossa cultura,

---

8. Spinoza, *Epistole*, XXX.

reaparece a exaltação do primado da vida espiritual ou dos princípios morais com respeito à pura política, por exemplo nos dissidentes soviéticos como Solzhenitsyn e Zinoviev (para citar dois escritores que se encontram culturalmente em posições antípodas). Permanece inalterada ao longo dos séculos a advertência de que se deve dar a César o que é de César desde que seja possível dar a Deus o que é de Deus. A incapacidade de distinguir uma esfera da outra, a concentração de todas as energias em apenas uma das esferas é própria do fanático (e somente em casos raros, do gênio). Ao contrário disto, a vida das pessoas comuns desenvolve-se, na maior parte dos casos, em espaços diversos, que estão fora do espaço ocupado pela política e que a política consegue tocar mas jamais recobrir plenamente, e quando os recobre é porque o indivíduo tornou-se a engrenagem de uma máquina da qual não se sabe bem quem é o condutor nem para onde a está conduzindo.

A segunda atitude, a da renúncia, pode ser resumida numa outra fórmula: "A política não é de todos."[9] A diferença entre as duas situações é bastante clara e não requer um comentário particular. A primeira diz respeito aos limites da atividade política, a segunda aos limites dos sujeitos chamados a participar desta atividade. Pode-se imaginar uma situação em que a política é tudo mas não é de todos, como por exemplo a do Estado total, ou no extremo oposto uma situação em que a política não é tudo mas

---

9. Leio uma referência a esta distinção na intervenção de P. Santi *in* AA. VV., *Non tutto è politica*, Milão: Spirali edizioní, 1981, p. 91.

é de todos, correspondente por exemplo ao Estado democrático e ao mesmo tempo liberal. Entre estes dois extremos, estão a situação em que a política não é tudo e não é de todos, exemplificada pelos Estados oligárquicos do passado (e também pelos do presente, regra geral camuflados sob as falsas vestimentas de Estados democráticos), e a situação em que a política é tudo e é de todos, da qual dou apenas um modelo ideal, jamais realizado e talvez (por sorte, diria) não realizável: a república idealizada por Rousseau no *Contrato Social* (a mais próxima do modelo que com maior ou menor consciência tinham em mente os que protestaram em 1968, à exceção dos reduzidos grupos de neomarxistas-leninistas ou de stalinistas à moda antiga).

Ambas as fórmulas podem ser interpretadas com simples juízos de fato, isto é, como meras constatações que cada um de nós registra sem muita excitação, imparcialmente, como um juiz neutro. Mas podem também ser interpretadas como propostas para uma ação ou uma reforma a ser feita, como se se dissesse que tudo é política, é verdade, mas que seria melhor se assim não fosse, ou que a política é de todos mas que seria melhor se nem todos se ocupassem de coisas que não lhes dizem respeito ou para as quais não têm competência. Nesta segunda interpretação, ambas as fórmulas podem servir para exprimir, mais que o desejo de que uma certa coisa ocorra, o desejo contrário: de fato a política não é onipresente, mas seria melhor se o fosse, ou de fato nem todos se ocupam de política mas a sociedade ideal é aquela em que todos, por igualdade de títulos e com igual empenho, são cidadãos. Em substância, quando digo "nem tudo é política" posso estar querendo dizer duas coisas diversas: *a*) a experiência histórica demonstra que a política é apenas uma das atividades fundamentais do homem; *b*) é melhor a sociedade na qual a política não invade toda a vida do homem. Analogamente, quando digo "a política não é de todos" posso estar querendo dizer: *a*) o fato de a política ser feita por poucos é uma realidade histórica que não tem sido desmentida nem mesmo nas sociedades ditas democráticas; *b*) melhor é a sociedade em que existe certa divisão do trabalho e a maior parte das pessoas estão livres do empenho cotidiano de ocupar-se dos negócios públicos. Desta fórmula, interpretada como um juízo de fato, foram dadas historicamente ao menos duas versões diferentes: uma conservadora, a teoria das elites, e outra revolucionária, a teoria do partido-vanguarda de classe. Porém, independentemente das teorias que com frequência estão carregadas de pressupostos ideológicos (e são, como diria Pareto, teorias pseudocientíficas ou meras "derivações"), também para o homem da rua não escapa a existência do "palácio", no qual os admitidos aos trabalhos (ou aos banquetes) são poucos, e os demais, na melhor das hipóteses, têm somente a possibilidade de ficar olhando, quando então até mesmo o palácio, tal como os castelos das fábulas, torna-se no todo ou em parte invisível. Enfim, entendida como proposta positiva, ou seja, como a prescrição de um comportamento desejável, a fórmula é uma típica expressão da postura de desprezo diante do vulgo, da plebe, da *canaille*, postura aliás própria das oligarquias de todos os tempos; e hoje também dos grupos tecnocratas, para os quais a contraposição não é mais entre sábios e ignorantes, mas entre competentes e incompetentes (sendo o critério de diferenciação não mais a posse da sabedoria mas o conhecimento científico). Como prescrição a ser condenada, ao contrário, a mesma fórmula é a expressão típica do credo democrático, da confiança na participação popular, da exaltação do poder de baixo contraposto ao poder hierárquico, da autonomia contraposta à heteronomia, da convicção de que cada um é o melhor juiz dos próprios interesses, da condenação de toda e qualquer forma de delegação.

A terceira atitude, por mim denominada de recusa à política, é mais exclusiva que as duas primeiras e é, talvez, a que pelo seu radicalismo melhor caracteriza o fenômeno do refluxo. Acabei de afirmar que as duas primeiras fórmulas também podem ser interpretadas como juízos de fato. Esta última, ao contrário, implica sempre um juízo de valor sobre a política. No âmbito desta atitude, a distinção a ser feita, para completar esta rápida fenomenologia, é entre dois diferentes modos (um mais grosseiro, outro mais nobre) de condenar a política. O primeiro, predominantemente egoístico, particularista e economicista, é próprio do indiferentismo pequeno-burguês, segundo o qual sábio é aquele que cuida do próprio "particular" e quem se ocupa da política é alguém que dela tira proveito; além do mais, para este modo de condenar a política, não existem ideais e os ideais desfraldados são mentiras pois os homens movem-se apenas porque têm interesses, maiores ou menores e variáveis conforme as condições e as ambições, devendo cada um proteger os seus próprios e defendê-los do assim chamado interesse público, que quase sempre é o interesse privado de alguns poucos. O segundo, ético-religioso, sempre presente em nossa tradição filosófica, é próprio de quem não consegue ver na política mais que o "vulto demoníaco do poder" (bem mais trágico que o vulto charlatanesco que afasta os indiferentistas) e considera a política como o lugar onde domina, sem contrastes, a vontade de potência; para ele, é justo aquilo que convém ao mais forte e a violência é o único modo reconhecido de resolver os conflitos; para julgar quem tem razão e quem está errado, inexiste outro tribunal que não a história, e esta sempre deu razão a quem vence; os ideais são apenas um meio de enganar as massas crédulas quando está em jogo o poder e são infalivelmente traídos assim que o poder é conquistado. Destas duas atitudes, uma é talvez exageradamente míope, a outra exageradamente presbita. De uma nasce a ideia de uma sociedade capaz de sobreviver com um Estado reduzido aos mínimos termos, uma sociedade que não tenha outro interesse público que o de fazer com que cada um possa perseguir o mais livremente possível os próprios interesses privados. De outra nasce o ideal da sociedade dos doutos, da república dos sábios ou dos filósofos, do Estado que se torna igreja, do reino dos fins, no qual as leis morais livremente observadas substituem totalmente as leis jurídicas impostas pela força. Duas utopias, se se quiser, mas de tal maneira correspondentes a estados de ânimo reais e em contínuo ressurgimento que não podemos deixar de levá-las a sério, no mínimo como revelação de uma insatisfação permanente quanto à realidade política, de uma insatisfação que brota, com maior ou menor intensidade segundo os tempos e os humores, no íntimo de cada um de nós.

Naturalmente esta fenomenologia do refluxo pode explicar muitas coisas e faz com que o refluxo pareça menos excepcional do que pensam aqueles que, numa breve estação de suas vidas, acreditaram sinceramente no engajamento total. Entretanto, não oferece qualquer saída para quem assume uma atitude de separação, renúncia ou recusa, não em relação à política em geral, mas *a esta nossa política*, para quem acredita que existe, para além do modo tradicional, diante do qual podem até mesmo valer as atitudes descritas, um modo novo de fazer política, e, para além das concepções negativas da política, também concepções positivas, que entendem a política como a atividade voltada não para o interesse da própria parte mas para o bem comum, não apenas para o viver mas, como já dizia Aristóteles, para o viver *bem*.

Mas existem de fato estas saídas? No questionário a nós submetido[10] acena-se até o fim com novas formas de "prática política", como a desobediência civil, a autodeterminação, o veto. Para que ganhem maior relevo são apresentadas como "direitos", e realmente se fala de "direito à desobediência civil", de "direito à autodeterminação", de "direito de veto". Mas se trata mesmo de direi-

---

10. Este artigo foi concebido como resposta a um questionário proposto por Luigi Manconi e concernente à crise da nova esquerda, em geral dos partidos tradicionais, e ao nascimento dos movimentos sociais cuja prática política estaria dirigida para a reivindicação do direito de desobediência, de autodeterminação e de veto.

tos? Apenas para a autodeterminação é possível falar corretamente de direito, e isto se a entendermos sob a forma do direito de associação previsto, por exemplo, pelo artigo 18 da constituição italiana. Mas com o associacionismo nas suas mais diversas formas é possível, como já se disse, agitar as águas, mas não desencadear tempestades. Quanto ao direito à desobediência civil, ele não existe, ou melhor, existe claramente o dever oposto, estabelecido pelo artigo 54, de "observar a constituição e as leis". O mesmo deve ser dito do direito de veto, desde que o entendamos literalmente como direito de impedir uma deliberação coletiva com um único voto contrário, já que num sistema democrático impera soberana a regra da maioria e não a da unanimidade.[11] Nada disto exclui que tanto a desobediência civil quanto o veto possam existir em determinadas circunstâncias como formas específicas de poder de fato: com relação à desobediência civil, por exemplo, quando o número dos que se recusam a acatar a uma ordem das autoridades (ou mesmo uma lei do parlamento) é grande a ponto de tornar praticamente impossível a repressão; no caso do veto, quando um único voto ou o voto de um único grupo é determinante na formação de uma maioria parlamentar, coisa que na Itália ocorre diariamente sob nossos olhos, nas coalizões da democracia cristã com partidos menores, que acabam por ter um peso determinante na transformação de uma

---

11. Sobre o tema detive-me mais longamente no ensaio "La regola di maggioranza: limiti e aporie", in N. Bobbio, C. Offe e S. Lombardini, *Democrazia, maggioranza e minoranze*, Bolonha, Il Mulino, 1981, pp. 33-72.

maioria relativa em maioria absoluta.[12] Mas exatamente porque se trata de poderes de fato, precisam eles de muita força ou de circunstâncias excepcionais particularmente favoráveis. Não podem ser invocados como se invocam os direitos em qualquer circunstância em que se considere tenham sido eles violados. Apresentá-los como direitos é ilusório pois leva a crer que eles são, como todos os demais direitos, garantidos, quando na verdade garantidos não são, e quem nisto não confia arrisca-se a parar na cadeia. Ilusório e perigoso, pois pode desativar forças indispensáveis para a batalha política em curso, desviando-as para a busca de soluções equivocadas e impraticáveis. É inegável que as relações de direito podem ser modificadas com a modificação das relações de força. Mas exatamente por isto torna-se ainda mais importante perceber que se trata de relações de força e não do recurso a direitos garantidos: para se modificar relações de força, diria o senhor de la Palice, é preciso ter força.* Não discuto se esta força exista, embora seja difícil acreditar que sim. Digo apenas que não se pode tomar por direito

---

12. Para ulteriores reflexões sobre a desobediência civil e sobre o direito de veto remeto ao meu artigo "La resistenza al' oppressione, oggi", *in Studi sassaresi*, 1973, pp. 15-31, e ao verbete *Disobbedienza civile do Dizionario di politica*, Utet, Turim, 1983, pp. 338-42.

* O senhor de La Palice, Jacques de Chabannes, após ter-se destacado nas campanhas militares de Francisco I na Itália, morreu em Pavia em 1525. Uma canção foi então composta em sua homenagem pelos soldados, proclamado ter ele combatido até a morte. Mais tarde, os versos desta canção foram alterados, de modo a destacar o lado simples e ingênuo do personagem. Desde então, a menção ao senhor de La Palice busca evidenciar ingenuidade e adesão às verdades simples, cabais. [*N. do T.*]

uma série de fatos, ou melhor, o desejo de que certos fatos aconteçam.

Concluo: afirmei anteriormente que, permanecendo-se nos limites das regras do jogo, as vias possíveis de saída são as que são, e os passos necessários para concretizá-las são previsíveis, quase obrigatórios. Não creio que seja desejável sair das regras do jogo, supondo que seja fácil, e vimos que não é, porque uma vez rompida a principal destas regras, a das eleições periódicas, não se sabe onde tudo terminará. Pessoalmente, creio que terminaria muito mal. Não é aqui o caso de recordar uma velha história: o movimento operário nasceu com a ideia de que a democracia era uma conquista burguesa e de que era necessário um novo modo de fazer política, mas pouco a pouco não apenas aceitou a democracia representativa como inclusive buscou consolidá-la através do sufrágio universal. Atualmente, no âmbito desta democracia representativa, não vejo para a Itália, no futuro próximo, outra solução que não a alternativa de esquerda (que não é a nebulosa "alternativa democrática" de que falam os comunistas). Todo o resto está entre a construção de castelos no ar e a agitação pela agitação destinada a fazer aumentar, a curto e a longo prazo, as frustrações. É pouco. Mas mesmo este pouco é tão incerto que buscar outra coisa significa colocar-se mais uma vez na estrada das expectativas destinadas à desilusão.

A DEMOCRACIA E O PODER INVISÍVEL

NUM ESCRITO DE ALGUNS anos atrás, ocupei-me dos "paradoxos" da democracia, isto é, das dificuldades objetivas que se costuma encontrar para uma correta aplicação do método democrático exatamente nas sociedades em que continua a crescer a exigência de democracia.[1] Para quem considera a democracia como o ideal do "bom governo" (no sentido clássico da palavra, ou seja, no sentido de um ideal que consegue, melhor que qualquer outro, realizar o bem comum), outro tema objeto de contínuo debate é o que se poderia chamar de os "insucessos" da democracia. Grande parte do que hoje se escreve sobre a democracia pode ser incluído na denúncia, ora amargurada ora triunfante, destes insucessos. Nela cabem o tema já clássico da teoria das elites e o tema ainda mais clássico do contraste entre democracia formal e democracia substancial. Nela cabe, enfim, o tema da ingovernabilidade, que emergiu nestes últimos anos. Por outra parte, não me parece que o tema do "poder invisível" tenha recebido a necessária atenção dos escritores políticos, como mereceria. A respeito dele, realizo esta primeira abordagem.

---

1. *Quale socialismo?*, Turim, Einaudi, 1976, pp. 45 ss. [Trad. bras. Rio de Janeiro: Paz e Terra, 1983.]

O GOVERNO DO PODER PÚBLICO EM PÚBLICO

Um dos lugares-comuns de todos os velhos e novos discursos sobre a democracia consiste em afirmar que ela é o governo do "poder visível". Que pertença à "natureza da democracia" o fato de que "nada pode permanecer confinado no espaço do mistério" é uma frase que nos ocorre ler, com poucas variantes, todos os dias.[2] Com um aparente jogo de palavras pode-se definir o governo da democracia como o governo do poder público em público. O jogo de palavras é apenas aparente porque "público" tem dois significados diversos, conforme seja contraposto a "privado", como por exemplo na clássica distinção entre *ius publicum* e *ius privatum* a nós transmitida pelos juristas romanos, ou a "secreto", em cujo caso tem o significado não de pertencente à "coisa pública" ou ao "Estado", mas de "manifesto", "evidente", mais precisamente de "visível". Exatamente porque os dois significados não coincidem, um espetáculo público pode muito bem ser um negócio privado e uma escola privada (no sentido de que não pertence ao Estado) não pode subtrair-se à publicidade de seus atos. Assim, nada elimina do caráter privado do poder do pai de família, conforme a distinção entre direito privado e direito público, a devida publicidade de muitos atos de sua gestão, e nada elimina do caráter público do poder de um soberano autocrático o fato de que este po-

---

2. Num artigo de R. Puletti, "Il lento cammino verso la verità", *in L'Umanità*, 13 março 1980, p. 1.

der seja exercido, em numerosas circunstâncias, com o máximo de segredo.

Como regime do poder visível, a democracia nos faz imediatamente pensar na imagem, transmitida pelos escritores políticos de todos os tempos que se inspiraram no grande exemplo da Atenas de Péricles, da "ágora" ou da "eclesia", isto é, da reunião de todos os cidadãos num lugar público com o objetivo de apresentar e ouvir propostas, denunciar abusos ou pronunciar acusações, e de decidir, erguendo as mãos ou com cacos de terracota, após terem apreciado os argumentos pró e contra apresentados pelos oradores. Quando o povo estava reunido, escreve Glotz, o arauto amaldiçoava quem quer que procurasse enganar o povo, e para que os demagogos não abusassem de suas artes oratórias a assembleia permanecia todo o tempo sob o "olhar" de Deus (referência esta ao ato de "ver"). Os magistrados eram submetidos a uma vigilância contínua, e "nove vezes por ano em cada pritania* deviam renovar seus poderes por um voto de confiança, com votação por levantamento de mãos; se não o obtinham, eram *ipso facto* levados aos tribunais".[3] Não é sem razão que a assembleia tenha sido frequentemente comparada a um teatro ou a um estádio, isto é, a um espetáculo público, onde existem espectadores chamados a

---

* Pritania: período de cinco semanas durante o qual a presidência do Conselho (ou Senado) de Atenas era exercida por uma seção de prítanes, isto é, de delegados escolhidos anualmente pelas diversas tribos atenienses. [N. do T.]

3. G. Glotz, *La città greca*, Turim, Einaudi, 1948, p. 202.

assistir a uma ação cênica que se desenrola segundo regras preestabelecidas e se conclui com uma decisão. Numa passagem das *Leis* em que fala do tempo em que o povo estava submetido às leis e apresenta como exemplo o respeito às leis da música, Platão descreve como, a pouco e pouco, por obra de poetas tomados "por um entusiasmo de bacantes", foi introduzida uma deplorável confusão entre os vários modos musicais e gerada no vulgo o desprezo pelas leis musicais, a ponto de "os públicos teatrais de mudos tornarem-se loquazes, quase como se entendessem o que em arte é belo ou não é; e ao invés de uma aristocracia em assunto de música surgiu uma miserável teatrocracia".[4] Logo depois redefine este termo recém-cunhado, "teatrocracia", como "democracia em assunto de música", interpretando-a como o efeito da pretensão do vulgo de poder falar sobre tudo e de não reconhecer mais nenhuma lei. Platão é um escritor antidemocrático. A equiparação entre o governo do povo e o governo do público em teatro (com a consequente contraposição entre governo do público e governo dos melhores) serve-lhe para exprimir mais uma vez a própria condenação da democracia entendida como domínio da licenciosidade ou do desregramento. Mas a assimilação

---

4. Platão, *Le Leggi*, 701*a* [Trad. A. Cassará, Laterza, Bari, 1921, vol. I, p. 102]. Mas veja-se também a passagem precedente, na qual se afirma que a música não deve ser avaliada pelos despreparados, donde o juiz da boa música não deve avaliar recebendo lições dos espectadores, "confundido pelos clamores da multidão", e se critica "aquilo que a lei dispõe na Sicília e na Itália, transferindo a avaliação para a multidão dos espectadores e proclamando o vencedor através do levantamento de mãos" (659*b*).

do "demos" ao público de um teatro vai bem além do juízo de valor inerente ao trecho platônico.[5]

É bem conhecida a força sugestiva que a democracia antiga exerceu na época da revolução francesa. Não importa aqui saber se a realidade estava conforme ao modelo ou se acabou por ser ao longo dos séculos transfigurada num ideal normativo. O governo democrático permanece no tempo, e com intensidade ainda maior nos momentos de fermentação e de espera do *novus ordo*, como modelo ideal do governo público em público. Entre as inúmeras obras do tempo da revolução, trago esta exemplar citação do *Catecismo republicano* de Michele Natale (o bispo de Vico, justiçado em Nápoles a 20 de agosto de 1799):

> Não existe nada de secreto no Governo Democrático? Todas as operações dos governantes devem ser conhecidas pelo Povo Soberano, exceto algumas medidas de se-

---

5. De clara derivação platônica, embora com acentuação diversa do teatro como lugar em comparação com o teatro como conjunto de espectadores, é o uso que Nietzsche faz do termo "teatrocracia" em *O caso Wagner*, onde repreende o movimento de Bayreuth por ter encorajado "a presunção do profano, do idiota em arte", donde "toda esta gente organiza hoje associações, quer impor o próprio gosto, gostaria de ser juiz até mesmo *in rebus musicis et musicantibus*" (aqui a derivação de Platão é indubitável), e por ter cultivado a "teatrocracia", definida como "a bizarria de uma crença no *primado* do teatro, num direito à *supremacia* do teatro sobre as artes, sobre a arte". [*Opere*, organização de G. Colli e M. Montinari, Adelphi. Milão, 1970, vol. VI, tomo III, p. 39.]

gurança pública, que ele deve conhecer apenas quando cessar o perigo.[6]

Este trecho é exemplar porque enuncia em poucas linhas um dos princípios fundamentais do Estado constitucional: o caráter público é a regra, o segredo a exceção, e mesmo assim é uma exceção que não deve fazer a regra valer menos, já que o segredo é justificável apenas se limitado no tempo, não diferindo neste aspecto de todas as medidas de exceção (aquelas, para nos entendermos, que podiam ser tomadas pelo ditador romano).[7]

Que todas as decisões e mais em geral os atos dos governantes devam ser conhecidas pelo povo soberano sempre foi considerado um dos eixos do regime democrático, definido como o governo direto do povo ou controlado pelo povo (e como poderia ser controlado se se mantivesse

---

6. M. Natale, *Catechismo repubblicano per l'vistruzione del popolo e la rovina dei tiranni*, na recente edição organizada por G. Acocella e apresentada por F. Tessitore, Vico Equense, 1978, p. 71. Eis uma outra curiosa citação de M. Joly, *Dialogue aux enfers entre Machiavel et Montesquieu ou la politique de Machiavel au XIX*[e] *siècle par un contemporain*, "chez tous les libraires", Bruxelas, 1868: "como a publicidade é da essência dos países livres, todas estas instituições não poderiam viver por muito tempo se não funcionassem no grande dia" (p. 25).
7. A relação entre medida excepcional e temporaneidade é uma das características da ditadura romana, daquela que Schmitt chamava de ditadura "comissária" para distingui-la da ditadura "soberana" [*La dittatura* (1921), Laterza, Bari, 1975, cap. 1]. A temporaneidade justifica a excepcional concentração do poder. A partir do momento em que a ditadura se torna perpétua, o ditador se transforma em tirano. A ditadura romana é um exemplo típico de justificação da exceção à regra mediante a limitação no tempo. Típico no sentido de que uma medida excepcional qualquer, quando rigorosamente limitada no tempo, suspende a aplicação da regra mas não ab-roga a regra mesma e, portanto, salva o ordenamento em seu conjunto.

escondido?). Mesmo quando o ideal da democracia direta foi abandonado como anacrônico, com o nascimento do grande Estado territorial moderno (mas também o pequeno Estado territorial não é mais um Estado-cidade), e foi substituído pelo ideal da democracia representativa — já perfeitamente delineado, exatamente em polêmica com a democracia dos antigos, numa carta de Madison a seus interlocutores[8] —, o caráter público do poder, entendido como não secreto, como aberto ao "público", permaneceu como um dos critérios fundamentais para distinguir o Estado constitucional do Estado absoluto e, assim, para assinalar o nascimento ou o renascimento do poder público em público. Num trecho da sua *Verfassungslehre*, Carl Schmitt capta com precisão, talvez para além das suas intenções e de qualquer modo não no mesmo contexto em que se desenrolam estas minhas observações, o nexo entre princípio de representação e caráter público do poder, inclusive entendendo a representação como uma forma de representar, isto é, como um modo de apresentar, de fazer presente, de tornar visível o que de outra maneira restaria oculto. Vale a pena citar ao menos duas passagens:

A representação somente pode ocorrer na esfera do público. Não existe nenhuma representação que se desenvolva em segredo ou a portas fechadas... Um parlamento tem um caráter representativo apenas enquanto se acredita que a sua atividade própria seja pública. Ses-

---

8. Em particular a carta nº 10, de 23 de novembro de 1787, *Il Federalista*, Pisa: Nistri-Lischi, 1955, pp. 56 ss. [Trad. bras. Rio de Janeiro: Nova Fronteira, 1993.]

sões secretas, acordos e decisões secretas de qualquer comitê podem ser muito significativos e importantes, mas não podem jamais ter um caráter representativo.[9]

A segunda passagem é ainda mais explícita com respeito ao nosso tema:

> Representar significa tornar visível e tornar presente um ser invisível mediante um ser publicamente presente. A dialética do conceito repousa no fato de que o invisível é pressuposto como ausente e ao mesmo tempo tornado presente.[10]

Ao lado e acima do tema da representação, a teoria do governo democrático desenvolveu outro tema estreitamente ligado ao do poder visível: o tema da descentralização entendida como revalorização da relevância política da periferia com respeito ao centro. Pode-se interpretar o ideal do governo local como um ideal inspirado no princípio segundo o qual o poder é tanto mais visível quanto mais próximo está. De fato, a visibilidade não depende apenas da apresentação em público de quem está investido do poder, mas também da proximidade espacial entre o governante e o governado. Ainda que as comunicações de massa tenham encurtado as distâncias entre o eleito e os seus eleitores, a publicidade do parlamento nacional é

---

9. C. Schmitt, *Verfassungslehre*, München-Leípzig: Duncker & Humblot, 1928, p. 208.

10. *Ibid.*, p. 209. Sobre este aspecto do pensamento de Schmitt chama a atenção Julien Freund, *L'essence du politique*, Paris, Sirey, 1965, p. 329.

indireta, efetuando-se sobretudo através da imprensa, da publicação das atas parlamentares ou das leis e de outras providências no "Diário Oficial". A publicidade do governo de um município é mais direta, e é mais direta exatamente porque é maior a visibilidade dos administradores e de suas decisões. Ou, pelo menos, um dos argumentos de que sempre se serviram os defensores do governo local — o argumento da restrição e multiplicação dos centros de poder — foi a maior possibilidade oferecida ao cidadão de colocar os próprios olhos nos negócios que lhe dizem respeito e de deixar o mínimo espaço ao poder invisível.

Há alguns anos, num livro muito conhecido e discutido, Habermas contou a história da transformação do Estado moderno mostrando a gradual emergência daquela que ele chamou de "a esfera privada do público" ou, dito de outra forma, a relevância pública da esfera privada ou ainda da assim chamada opinião pública, que pretende discutir e criticar os atos do poder público e exige para isto, e não pode deixar de exigir, a publicidade dos debates, tanto dos debates propriamente políticos quanto dos judiciários.[11] Entende-se que a maior ou menor relevância da opinião pública entendida como opinião relativa aos atos pú-

---

11. Jurgen Habermas, *Strukturwandel der Öffer lichkeit*, Luchterhand, Neuwied, 1962 [Trad. it. *Storia e critica dell'opinione pubblica*, Laterza, Bari, 1971]. O livro me parece discutível porque jamais são distinguidos, no curso de toda a análise histórica, os dois significados de "público": quais sejam, "público" como pertencente à esfera estatal, à "res publica", que é o significado originário do termo latino *publicum*, transmitido pela distinção clássica entre *ius privatum* e *ius publicum*, e "público" como manifesto (que é o significado do termo alemão *öffentliches*), oposto a secreto.

blicos, isto é, aos atos próprios do poder público que é por excelência o poder exercido pelos supremos órgãos decisórios do Estado, da *"res publica"*, depende da maior ou menor oferta ao público, entendida esta exatamente como visibilidade, cognocibilidade, acessibilidade e portanto controlabilidade dos atos de quem detém o supremo poder. A publicidade assim entendida é uma categoria tipicamente iluminista na medida em que representa bem um dos aspectos da batalha de quem se considera chamado a derrotar o reino das trevas: onde quer que tenha ampliado o próprio domínio, a metáfora da luz e do clareamento (da *Aufklarung* ou do *Enlightment*) ajusta-se bem à representação do contraste entre poder visível e poder invisível.[12] Num trecho sobre o "mito solar da revolução", Starobinski recorda que Fichte, partidário da revolução, datara de Heliópolis, "o último ano do antigo obscurantismo", o discurso sobre a *Reivindicação da liberdade de pensamento pelos príncipes da Europa que até agora a pisotearam* (1793).[13]

Mais do que qualquer outro, quem contribuiu para esclarecer o nexo entre opinião pública e caráter público do poder foi Kant, que pode com justiça ser considerado o ponto de partida de todo discurso sobre a necessidade da

---

12. O que não elimina o uso, pelos iluministas, das sociedades secretas como instrumento indispensável para travar a batalha das luzes contra o absolutismo. Sobre este tema, ver R. Koselleck, *Critica illuministica e crisi della società borghese* (1959), Bolonha, Il Mulino, 1972. Assim Koselleck: "Contra os mistérios dos idólatras dos arcana da política estava o segredo dos Iluminados. 'Por que sociedades secretas? — pergunta Bode, seu defensor na Alemanha setentrional; a resposta é simples: porque seria loucura jogar a cartas descobertas quando o adversário esconde o próprio jogo'" (p. 108).

13. J. Starobinski, 1789. *Les emblèmes de la raison*, Paris, Flammarion, 1979, p. 34.

visibilidade do poder, uma necessidade que é para Kant não apenas política mas moral. Em seu famoso ensaio sobre o iluminismo, Kant afirma resolutamente que o iluminismo exige "a mais inofensiva de todas as liberdades, qual seja, a de fazer uso público da própria razão em todos os campos". A esta afirmação faz seguir o comentário: "O uso público da própria razão deve ser livre o tempo todo e apenas ele pode realizar o iluminismo entre os homens", desde que por "uso público da própria razão" entenda-se "o uso que alguém dela faz como douto diante do inteiro público dos leitores". O comentário se faz acompanhar, como se sabe, de um elogio a Frederico II, que favoreceu a liberdade religiosa e a liberdade de pensamento, entendida esta última como a autorização aos súditos "para fazer uso da sua razão" e "expor publicamente ao mundo suas ideias a respeito de uma melhor constituição, criticando livremente a existente".[14] Como é natural, o uso público da própria razão exige que sejam públicos os atos do soberano. Exatamente sobre este ponto o pensamento de Kant é muito explícito e merece ser posto em evidência, inclusive por sua atualidade, de maneira muito mais enfática do que a feita até aqui pelos críticos mais perspicazes. No segundo Apêndice à *Paz perpétua*, intitulado "Do acordo entre a política e a moral segundo o conceito transcendental do direito público", Kant considera "conceito transcendental do direito público" o seguinte

---

14. I. Kant, "Risposta alla domanda: che cosa é l'iluminismo'", *in Scritti politici e di filosofia delia storia e del diritto*, Turim, Utet, 1956, pp. 143 e 148.

princípio: "Todas as ações relativas ao direito de outros homens, cuja máxima não é suscetível de se tornar pública, são injustas".[15] Qual o significado deste princípio? Em termos gerais pode-se responder que uma máxima não suscetível de se tornar pública é uma máxima que, caso fosse tornada pública, suscitaria tamanha reação no público que tornaria impossível a sua realização. As aplicações que dela faz Kant, com dois exemplos iluminadores, relativos ao direito interno e ao direito internacional, esclarecem o problema melhor do que qualquer outro comentário. Com relação ao direito interno ele aduz o exemplo do direito de resistência; com relação ao direito internacional, o exemplo do direito do soberano de infringir os pactos firmados com outros soberanos. E argumenta do seguinte modo. No primeiro caso, "a injustiça da rebelião torna-se clara por este fato: que sua máxima, no caso de ser *publicamente conhecida*, tornaria impossível a consecução do próprio objetivo; por isto deve ser mantida necessariamente secreta".[16] De fato, qual cidadão, no momento mesmo em que aceita o *pactum subiectionis*, poderia declarar publicamente que se reserva o direito de não observá-lo? E que valor teria semelhante pacto no caso de ser reconhecido este direito aos contraentes? No segundo caso, analogamente, o que ocorreria se no próprio ato de estabelecer um tratado com outro Estado, o Estado contraente declarasse publicamente não se considerar vincu-

---

15. *Idem, Scritti politici, op. cit.*, p. 328.
16. *Ibid.*, p. 331.

lado às obrigações derivadas do pacto? "Ocorreria evidentemente — responde Kant — que cada um o evitaria ou faria aliança com outros Estados para resistir às suas pretensões", e em consequência "a política com todas as suas astúcias acabaria por se afastar de sua finalidade, razão pela qual aquela máxima deve ser considerada injusta".[17]

Creio não ser preciso insistir sobre a validade deste princípio como critério para distinguir o bom governo do mau governo. Lendo os jornais, que a cada manhã nos põem a par dos escândalos públicos (a respeito dos quais, aliás, a Itália goza de um não invejável primado), cada um de nós pode acrescentar exemplos à vontade e confirmar a boa qualidade do princípio. O que é que constitui um escândalo público? Ou, dito de outra forma, o que é que suscita escândalo no público? E em que momento nasce o escândalo? O momento em que nasce o escândalo é o momento em que se torna público um ato ou uma série de atos até então mantidos em segredo ou ocultos na medida em que não podiam ser tornados públicos pois, caso o fossem, aquele ato ou aquela série de atos não poderiam ser concretizados. Pense-se aqui nas várias formas que pode assumir a corrupção pública, o peculato, a malversação, a concussão, o interesse privado em atos oficiais e assim por diante, apenas para dar exemplos banais, coisa corriqueira. Qual empregado público poderia declarar em público, no momento em que é empossado em seu cargo, que irá se apropriar do dinheiro público (peculato) ou do dinhei-

17. *Ibid.*, p. 333.

ro que embora não pertença à administração pública é por ele apropriado por razões de ofício (malversação)? Qual empregado público afirmaria que irá constranger este ou aquele a dar-lhe dinheiro abusando da sua qualidade ou das suas funções (concussão) ou se servir de seu cargo para obter vantagens pessoais (interesse privado em atos oficiais)? É evidente que semelhantes declarações tornariam impossível a ação declarada, pois nenhuma administração pública confiaria um cargo a quem as fizesse. Esta é a razão pela qual semelhantes ações devem ser desenvolvidas em segredo e, uma vez tornadas públicas, suscitam aquela perturbação da opinião pública que se chama, precisamente, "escândalo". Apenas o tirano platônico pode executar publicamente aqueles atos imundos que o cidadão privado ou executa escondido ou, reprimindo-os, os executa apenas em sonho, como se violasse a própria mãe. O critério da publicidade para distinguir o justo do injusto, o lícito do ilícito, não vale para as pessoas em quem, como o tirano, o público e o privado coincidem, na medida em que os negócios do Estado são os seus negócios pessoais e vice-versa.[18]

AUTOCRACIA E *ARCANA IMPERII*

A importância dada à publicidade do poder é um aspecto da polêmica iluminista contra o Estado absoluto, mais es-

---

18. Cf. *Repubblica*, 571.

pecificamente contra as várias imagens do soberano pai ou patrão, do monarca por direito divino, ou do hobbesiano Deus terreno. O pai que comanda filhos menores de idade, o patrão que comanda súditos escravos, o monarca que recebe de Deus o direito de comandar, o soberano que é equiparado a um Deus terreno, não têm nenhuma obrigação de revelar aos destinatários de seus comandos, que não constituem um "público", o segredo das suas decisões. Tasso faz dizer a Torrismondo: "Os segredos dos reis, confiados ao vulgo insensato, não estão bem guardados". não são".[19] Ao contrário, com base no princípio *"salus rei publicae suprema lex"**, o soberano por direito divino ou por direito natural ou por direito de conquista tem o dever de manter selados os seus propósitos o quanto lhe seja possível. À imagem e semelhança do Deus oculto, o soberano é tanto mais potente, e portanto tanto mais cumpridor de sua função de governar súditos ignorantes e indóceis, quanto melhor consegue ver o que fazem seus súditos sem ser por eles visto. O ideal do soberano equiparado ao Deus terreno é o de ser, como Deus, o onividente invisível. A relação política, isto é, a relação entre governante e governado, pode ser representada como uma relação de troca, um contrato sinalagmático, diria um jurista, no qual o governante oferece proteção em troca de obediência. Ora, quem protege precisa ter mil olhos como os de Argo,

---

19. Extraio esta citação da "Introdução" de L. Firpo a T. Tasso, *Tre scritti politici*, Turim, Utet, 1980, p. 27.

* Em latim no original: O bem de todos é a lei suprema. [*N. do T.*]

quem obedece não precisa ver coisa alguma. Do mesmo modo que a proteção tem olhos, a obediência é cega.

Nos escritores políticos que com suas teorias da razão de Estado acompanharam a formação do Estado moderno, um dos temas recorrentes é o tema dos *arcana imperii*. Trata-se de um tema vastíssimo, sobre o qual limito-me a fazer algumas rápidas observações.[20] O autor do mais conhecido escrito sobre o assunto, *De arcanis rerum publicarum* (1605), Clapmar, define os *arcana imperii* da seguinte forma: *"Intimae et occultae rationes sive consilia eorum qui in republica principatum obtinent."** O objetivo deles é duplo: conservar o Estado enquanto tal e conservar a forma de governo existente (ou melhor, impedir que uma monarquia degenere numa aristocracia, uma aristocracia numa democracia, e assim por diante, segundo a natureza das várias "mutações" ilustradas por Aristóteles no quinto livro da *Política*). O autor denomina os primeiros de *arcana imperii*, os segundos de *arcana dominationis*.[21] Uns e outros pertencem ao gênero das *simulationes*, embora *honestae et*

---

20. A expressão deriva de Tácito. Para uma primeira aproximação, ver F. Meinecke, *L'idea della ragion di stato nella storia moderna*, Vallecchi, Florença, 1942, vol. I, pp. 186 ss.

21. Cito a partir da edição de Amsterdã, *apud* Ludovicum Elzeverium, 1644. O volume contém ainda, à guisa de introdução, o *Discursus de arcanis rerum publicarum* de Giovanni Corvino e o *De arcanis rerum publicarum discursus* de Christoph Besold, além do *De iure publico* do próprio Clapmar. O trecho citado está na página 10. Ambas as expressões, *arcana imperii* e *arcana dominationis*, encontram-se em Tácito, embora sem o significado específico que lhes atribui Clapmar: a primeira em *Annales*, II, 36 e em *Historiae*, I. 4; a segunda em *Annales*, II, 59.

* Em latim no original: Razões íntimas e ocultas inspiram os conselhos daqueles que, na república, obtêm o poder. [*N. do T.*]

licitae. O maquiaveliano Gabriel Naudé, nas suas *Considerações políticas sobre os golpes de Estado* (1639), escreve: "Não há príncipe algum tão frágil e carente de bom senso que seja insensato a ponto de submeter ao julgamento do público aquilo que a duras penas permanece secreto se confiado aos ouvidos de um ministro ou de um favorito."[22] Destas citações pode-se ver que na categoria dos *arcana* entram dois fenômenos diversos porém estreitamente coligados: o fenômeno do poder oculto ou que se *oculta* e o do poder que *oculta*, isto é, que se esconde escondendo. O primeiro compreende o tema clássico do segredo de Estado, o segundo compreende o tema igualmente clássico da mentira lícita e útil (lícita porque útil) que nasce, nada mais nada menos, com Platão. No Estado autocrático, o segredo de Estado não é a exceção mas a regra: as grandes decisões políticas devem ser tomadas ao abrigo dos olhares indiscretos de qualquer tipo de público. O mais alto grau do poder público, isto é, do poder de tomar decisões vinculatórias para todos os súditos, coincide com a máxima concentração da esfera privada do príncipe. Num dos textos hoje incluídos entre os mais notáveis para a reconstrução do pensamento político francês à época da monarquia absoluta, *A monarquia de França* (1519) de Claude de Seyssel, pode-se ler que *"aussi faut avoir regard de ne communiquer les choses qu'il est requis être secrètes, en trop grosse assemblée. Car il est presque impossible que ce qui vient à connaissance*

---

22. Cito da tradução italiana, Boringhieri, Turim, 1958. O trecho citado está na página 54.

de plusieurs gens ne soit publié".[23] Segundo o autor, o rei precisa servir-se de três conselhos, como Cristo, que podia apoiar-se sobre três círculos de seguidores: os 72 discípulos, os 12 apóstolos e os três mais confiáveis, São Pedro, São João e São Jácomo. Destes três conselhos, o último é o Conselho secreto, integrado por não mais que três ou quatro pessoas escolhidas entre "os mais sábios e experientes", com os quais o príncipe trata as questões mais importantes antes de submetê-las ao Conselho ordinário e discute a opinião deste conselho quando considera não ter sido ela a mais oportuna, podendo chegar mesmo a não executá-la e a executar ao contrário a própria deliberação *"sans leur en dire riens, jusqu' à ce qu'elle soit mise à effet"*.[24] Entre as razões que contam a favor do segredo, duas são predominantes: a necessidade da rapidez de toda decisão que diga respeito aos interesses supremos do Estado e o desprezo pelo vulgo, considerado como um objeto passivo do poder, dominado como é por fortes paixões que o impedem de fazer uma imagem racional do bem comum e o tornam presa fácil dos demagogos. Bem-entendido, quando falo do poder oculto do autocrata não me refiro ao seu aspecto exterior. Quanto mais o príncipe é absoluto, mais deve aparecer no exterior com sinais inconfundíveis de seu poder: a residência real

---

23. Em francês no original: "também é preciso ter o cuidado de não comunicar em assembleias muito grandes as coisas que devem ser secretas. Pois é praticamente impossível que não seja público aquilo que chega ao conhecimento de muitas pessoas" [*N. do T.*]. Cito a edição de J. Poujol, Paris, Librairie d'Argences,1961. O trecho citado está na página 134.
24. *Ibid.*, p. 139. Em francês no original: "sem dizer nada a respeito dela até que seja posta em execução". [*N. do T.*]

em plena cidade, a coroa, o cetro e as outras insígnias reais, a magnificência das vestes, o cortejo dos nobres, a escolta armada, a ostentação de símbolos em sentido próprio "vistosos", os arcos do triunfo à sua passagem, as cerimônias solenes para tornar públicos os principais momentos da sua vida privada, núpcias, nascimentos e mortes (em singular contraste com o caráter secreto dos atos públicos). À visibilidade luminosa, quase cegante, do ator, necessária para infundir um sentimento de respeito e de temor reverencial pelo dono da vida e da morte dos próprios súditos, deve corresponder a opacidade da ação necessária para garantir-lhe a incontrolabilidade e a arbitrariedade.[25]

Ao contrário, onde o poder supremo é oculto, tende a ser oculto também o contra-poder. Poder invisível e contrapoder invisível são as duas faces da mesma medalha. A história de todo regime autocrático e a história da conjura são duas histórias paralelas que se referem uma à outra. Onde existe o poder secreto existe também, quase como seu produto natural, o antipoder igualmente secreto ou sob a forma de conjuras, complôs, conspirações, golpes de Estado, tramados nos corredores do palácio imperial, ou sob a forma de sedições, revoltas ou rebeliões preparadas

---

25. Quando já havia escrito estas páginas, caiu-me em mãos o livro de R. G. Schwarzenberg, *Lo stato spettacolo*, Editori Riuniti, Roma, 1980, apresentado com o subtítulo de *Attori e pubblico nel grande teatro della politica mondiale*. O tema do livro é a transformação da vida política num espetáculo em que o grande político se exibe, tem necessidade de se exibir, como um ator. O autor escreve logo no início: "Agora o Estado se transforma em companhia teatral, em produtor de espetáculo", frase na qual o único erro é aquele "agora" (erro, porém, que num livro de política é bastante grave).

em lugares intransitáveis e inacessíveis, distantes dos olhares dos habitantes do palácio, assim como o príncipe age o mais longe possível dos olhares do vulgo. Ao lado da história dos *arcana dominationis* poder-se-ia escrever, com a mesma abundância de detalhes, a história dos *arcana seditionis*. O tema desapareceu dos tratados de ciência política e de direito público escritos após o advento do Estado constitucional moderno, que proclamou o princípio do caráter público do poder. Mas não o ignoravam os antigos escritores, sobre cujas páginas não seria inoportuno (por razões aliás bastante evidentes, penosamente evidentes) lançar novamente um olhar não distraído. Nos *Comentários sobre a primeira década de Tito Lívio*, Maquiavel dedica às conjuras um dos capítulos mais densos e longos, que começa assim: "Não quis deixar de falar sobre as conspirações [...] porque se vê que eles sempre contribuíram, mais do que as guerras abertas, para fazer com que muitos príncipes perdessem a vida e o Estado, do que por guerras abertas." E continua: "Pretendo estudar o tema extensamente, para que os príncipes aprendam a se proteger destes perigos e os demais se envolvam o menos possível com eles [...] não deixando de mencionar nenhuma das circunstâncias mais notáveis que possam servir de esclarecimento para uns e outros."[26]

Como já afirmei, o poder autocrático não apenas se esconde para que não se saiba quem é ele e onde está, mas

---

26. Trata-se do cap. VI do livro III. [Trad. bras. Brasília: Editora Universidade de Brasília, 1982.]

tende também a esconder suas reais intenções no momento em que suas decisões devem tornar-se públicas. Tanto o esconder-se quanto o esconder são duas estratégias habituais do ocultamento. Quando não se pode evitar o contato com o público, coloca-se a máscara. Nos escritores da razão de Estado o tema da "mentira" [*mendacio*] é um tema obrigatório, assim como é obrigatória a referência à "nobre mentira" de Platão ou aos "discursos sofísticos" de Aristóteles.[27] Torna-se *communis opinio* que quem detém o poder e deve continuamente resguardar-se de inimigos externos e internos tem o direito de mentir, mais precisamente de "simular", isto é, de fazer aparecer aquilo que não existe, e de "dissimular", isto é, de não fazer aparecer aquilo que existe. É usual a comparação com o médico que esconde do doente a gravidade da doença. Mas é igualmente usual a condenação do doente que engana o médico e, ao não dizer a ele a gravidade do seu mal, o impede de curá-lo. Analogamente, se é verdade que o príncipe tem o direito de enganar o súdito, é igualmente verdade que o súdito não tem o direito de enganar o príncipe. O grande Bodin escreve: "Não se deve poupar nem as belas palavras nem as promessas: de fato, neste caso Platão e Xenofonte permitiam aos magistrados e aos governantes que mentissem, como se faz com as crianças e os doentes. Assim fazia o sábio Péricles com os atenien-

---

27. Um belo repertório de citações pode ser encontrado em R. de Mattei, "Il problema della 'ragion di stato' nel seicento, XIV, Ragion di stato e 'mendacio'" *in Rivista internazionale di filosofia del diritto*, XXXVII (1960), pp. 553-576.

ses para colocá-los na estrada da razão".[28] Grotius dedica um capítulo do seu *De iure belli ac pacis* ao tema *De dolis et mendacio* nas relações internacionais. Este capítulo é importante porque contém um longo elenco das opiniões clássicas pró e contra a mentira pública e uma copiosa casuística, tão copiosa e sutil que o leitor de hoje nela se perde como num labirinto em que no fim de uma via abrem-se outras, cada uma das quais aberta para outras mais, até que o viajante — o *viator* — se perde e não consegue mais nem encontrar a saída nem regressar.

Este supremo ideal, no qual se inspira o poder que pretende ser a um só tempo onividente e invisível foi recentemente redescoberto e admiravelmente descrito por Foucault na análise do Panopticon de Bentham:[29] um conjunto de celas separadas, cada uma das quais com um detento, dispostas num círculo de raios e terminando numa torre, do alto da qual o vigilante, símbolo do poder, pode acompanhar a todo momento até mesmo os mínimos atos do vigiado. Importante não é que os prisioneiros vejam quem os vê: importante é que saibam que existe alguém que os vê, ou melhor, que os pode ver. Foucault define corretamente o Panopticon como uma máquina para dissociar a dupla "ver-ser visto". Quem vê não é visto, quem não vê é visto. Assim se exprime: "No anel periférico se é totalmente visto, sem nunca ver; na torre central, vê-se tudo sem

---

28. J. Bodin, *Les six livres de la République*, Paris: chez Jacques du Puys, 1597, IV, 6, p. 474 [citado de R. de Mattei, "Il problema etc.", *op. cit.*, p. 560, nota 27].
29. *Sorvegliare e punire*, Einaudi, Turim, 1976, pp. 218-28. [Trad. bras. *Vigiar e punir*, Petrópolis: Vozes.]

nunca ser visto."[30] Outra observação interessante: a estrutura arquitetônica do Panopticon instaura uma relação assimétrica entre os dois sujeitos da relação de poder com respeito ao ato de ver e de ser visto. É uma observação que provoca uma ulterior reflexão: as relações de poder podem ser simétricas e assimétricas. Idealmente, a forma de governo democrático nasce do acordo de cada um com todos os demais, isto é, do *pactum societatis*. O contrato representa o tipo ideal da relação simétrica, fundada sobre o princípio do *do ut des*, ao passo que o tipo ideal da relação assimétrica é a ordem do soberano que instaura uma relação comando-obediência. A estrutura do Panopticon foi inventada para a prisão-modelo, ou seja, para um tipo de instituição social fundada no princípio do máximo de coação e do mínimo de liberdade, para aquele tipo de instituições (como os manicômios, as casernas e em parte os hospitais) que foram chamadas de totais, cuja máxima é "Tudo o que não é proibido é obrigatório". Mas pode muito bem ser elevada à condição de modelo ideal do Estado autocrático, na medida em que seja conduzido à mais alta perfeição o seu princípio básico (uso aqui o termo "princípio" no sentido de Montesquieu), segundo o qual o príncipe é tanto mais capaz de fazer-se obedecer quanto mais onividente é, e é tanto mais capaz de comandar quanto mais é invisível. Considerando o casal comando-obediência como o casal característico da relação assimétrica de poder, quem comanda é tanto mais terrível quanto mais está escondido

---

30. *Ibid.*, p. 220.

(o súdito sabe que quem o vê existe mas não sabe exatamente onde está); quem deve obedecer é tanto mais dócil quanto mais é perscrutável e perscrutado em cada gesto seu, em cada ato ou palavra (o soberano sabe a cada momento onde está e o que faz).

O próprio Bentham percebeu a possibilidade, aliás muito bem acentuada por Foucault, de estender o mecanismo do Panopticon a outras instituições, a todos os estabelecimentos "em que, nos limites de um espaço que não seja amplo demais, é necessário manter sob vigilância um certo número de pessoas", já que "sua excelência consiste na grande força que é capaz de conferir a toda instituição a que seja aplicado."[31] Mais adiante voltarei à frase "nos limites de um espaço que não seja amplo demais". Mas deve-se ainda sublinhar a que grau de entusiasmo pela criatura chegou seu inventor quando escreve que o Panopticon "é capaz de reformar a moral, preservar a saúde, revigorar a indústria, difundir a instrução, aliviar os encargos públicos, estabilizar a economia como sobre uma rocha, desmanchar, ao invés de cortar, o nó górdio das leis sobre os pobres: tudo isto com uma simples ideia arquitetônica".[32] A própria figura do edifício — no alto o vigilante sobre a torre, embaixo o vigiado na cela — suscita, enfim, ainda uma outra questão, que é a questão que os escritores políticos de todos os tempos, a começar de Platão, puseram como questão última de toda teoria do

---

31. *Ibid.*, pp. 224-225.
32. *Ibid.*, p. 225.

Estado: "Quem vigia o vigilante?" *Quis custodiet custodes?* A resposta habitual consiste em pressupor um vigilante superior, do qual se chega necessariamente (pois nas coisas práticas está proibido o recurso ao processo ao infinito) ao vigilante que não é vigiado porque não há mais nenhum vigilante superior acima dele. Mas quem é este vigilante não vigiado? A questão é tão importante que as diversas doutrinas políticas podem ser classificadas com base na resposta que deram a ela: Deus, o herói fundador de Estados (Hegel), o mais forte, o partido revolucionário que conquistou o poder, o povo entendido como a inteira coletividade que se exprime através do voto. A seu modo, Bentham é um escritor democrático, que assim resolve o problema do vigilante não vigiado: o edifício poderá ser facilmente submetido a inspeções contínuas não só por inspetores designados mas também pelo público. Este expediente representa uma fase ulterior da dissociação da dupla "ver-ser visto". O prisioneiro é o não vidente visível, o vigilante é o vidente visível, o povo completa a escala enquanto vidente não visto a não ser por si mesmo e que é, portanto, com respeito aos outros, invisível. O vidente invisível é ainda uma vez o soberano.

IDEAL DEMOCRÁTICO E REALIDADE

Creio que as observações precedentes mostraram, mais que a importância de um tema até agora menos explorado do que merece, também a sua vastidão. E sequer falei de um fenômeno capital na história do poder secreto, qual seja, o fenômeno da espionagem (e, correspondentemente, desde que o poder invisível se combate com outro poder igualmente invisível, o da contraespionagem) e, mais em geral, dos serviços secretos. Não existe Estado, autocrático ou democrático, que tenha renunciado a eles. E nenhum Estado até agora a eles renunciou porque não existe melhor modo de saber os fatos alheios que o de procurar conhecê-los sem se deixar conhecer e reconhecer. Não é por acaso que o próprio Kant, de quem precedentemente ilustrei a tese da publicidade dos atos de governo como remédio contra a imoralidade da política, ponha entre os artigos preliminares para a paz perpétua interestatal a proibição absoluta do recurso aos espiões, recurso este por ele incluído entre "os estratagemas que desonram"; para sustentar a ideia, Kant apresenta entre outros o argumento de que o emprego de espiões na guerra — estratagema "no qual se desfruta apenas a ausência do senso de honra de *outras pessoas*" — acabaria por estender-se também às situações de paz.[33]

De todo modo, o objetivo das presentes observações não é fazer uma análise histórica das várias formas de poder invisível, mas confrontar com a realidade o ideal da

---

33. Cf. Kant, *Scritti politici* cit., p. 288. Na república de Ibania, descrita pelo dissidente soviético A. Zinoviev, em *Crime abissali*, 2 volumes, Adelphi, Milão, 1977-78, a espionagem é elevada a princípio geral de governo, a regra suprema não só nas relações entre governantes e governados mas também nas relações dos governados entre si, de tal forma que o poder autocrático acaba por se fundar, mais que sobre sua capacidade de espionar os súditos, também sobre a colaboração que lhe é prestada pelos súditos aterrorizados, que se espionam uns aos outros.

democracia como governo do poder visível, advertindo desde logo que irei me referir em particular à situação italiana. Durante séculos, de Platão a Hegel, a democracia foi condenada como forma de governo má em si mesma, por ser o governo do povo e o povo, degradado a massa, a multidão, a plebe, não estar em condições de governar: o rebanho precisa do pastor, a chusma do timoneiro, o filho pequeno do pai, os órgãos do corpo da cabeça, para recordar algumas das metáforas tradicionais. Desde quando a democracia foi elevada à condição de melhor forma de governo possível (ou da menos má), o ponto de vista a partir do qual os regimes democráticos passaram a ser avaliados é o das promessas não cumpridas. A democracia não cumpriu a promessa do autogoverno. Não cumpriu a promessa da igualdade não apenas formal mas também substancial. Terá cumprido a promessa de derrotar o poder invisível?

É conhecido e pacífico — estava para dizer que não é um "segredo" para ninguém — que até mesmo o Estado mais democrático tutela uma esfera privada ou secreta dos cidadãos, por exemplo mediante a configuração do delito de violação de correspondência (art. 616, CP) ou mediante a defesa da privacidade ou intimidade da vida individual e familiar contra os olhares indiscretos dos poderes públicos ou dos formadores de opinião pública; ou exige que algumas esferas de sua própria atuação não sejam abertas ou manifestas ao público, como ocorre através dos artigos 683-685, CP — tão frequentemente lembrados com ou sem propósito —, que preveem como delito a publicação das discussões secretas do parlamento ou das atas dos processos penais ou de notícias concernentes a um processo penal. Mas não é este o problema: existe sempre uma diferença entre autocracia e democracia, já que naquela o segredo de Estado é uma regra e nesta uma exceção regulada por leis que não lhe permitem uma extensão indébita. Não me detenho aqui nem mesmo sobre outro problema que mereceria alguma reflexão, qual seja, o problema do reaparecimento dos *arcana imperii* sob a forma do governo dos técnicos ou da tecnocracia: o tecnocrata é depositário de conhecimentos que não são acessíveis à massa e que, caso o fossem, não seriam sequer compreendidos pela maior parte ou então, no mínimo, a maior parte (isto é, os sujeitos do poder democrático) não poderia dar qualquer contribuição útil à discussão a que eventualmente fosse convocada. Não se trata neste caso do tradicional desprezo pelo vulgo enquanto multidão irracional incapaz de tomar decisões racionais até mesmo em interesse próprio, de erguer os olhos do chão das próprias necessidades cotidianas para apreciar o sol resplandecente do bem comum, mas do reconhecimento objetivo da sua ignorância, ou melhor, da sua não ciência, do contraste irreparável que separa o especialista do ignorante, o competente do incompetente, o laboratório do cientista ou do técnico da praça. Não me detenho sobre isto porque o confronto entre democracia e tecnocracia pertence mais ao que denominei de "paradoxos" da democracia do que aos seus insucessos.[34]

---

34. Seria oportuno distinguir duas funções diversas do segredo: a de não fazer saber porque a decisão não é *de* todos (o segredo técnico) e nem é *para* todos (o segredo mais propriamente político).

O confronto entre o modelo ideal do poder visível e a realidade das coisas deve ser conduzido tendo presente a tendência que toda forma de dominação, sobre as quais já me detive nas páginas precedentes, tem de se subtrair ao olhar dos dominados escondendo-se e escondendo, através do segredo e do disfarce.

Desfaço-me rapidamente deste segundo aspecto do problema porque o ocultamento é fenômeno comum a todas as formas de comunicação pública. Houve uma época em que se chamava de "simulação" do ponto de vista do sujeito ativo, isto é, do príncipe, aquilo que hoje se chama de "manipulação" do ponto de vista do sujeito passivo, isto é, dos cidadãos. Já chamei a atenção diversas vezes para o fato de que todo problema que interessa à esfera da política pode ser examinado *ex parte principis* e *ex parte populi*. Os escritores políticos interessaram-se durante séculos pelos problemas da política considerados do ponto de vista do príncipe: daí o interesse pelo tema da mentira útil e dos limites e condições da sua liceidade. O mesmo problema, considerado do ponto de vista do destinatário da mensagem, torna-se o problema do consenso extraído através das diversas formas de manipulação, sobre as quais aliás discutem já há um bom tempo os *experts* em comunicação de massa. Nas sociedades de massa, os mais diretos herdeiros da mentira útil são os sistemas ideológicos e seus derivados. Os escritores políticos sempre souberam, e hoje sabem ainda mais, que o poder político propriamente dito, cujo instrumento típico é o uso da força, não pode desprezar o poder ideológico e, portanto, os "persuasores", estejam eles evidentes ou ocultos. O regime democrático — e aqui entendo por "regime democrático" o regime no qual o poder supremo (supremo na medida em que apenas ele está autorizado a usar em última instância a força) é exercido em nome e por conta do povo através do procedimento das eleições por sufrágio universal repetidas a prazo fixo — também não pode deixar de considerar tal poder ideológico: ao contrário, precisa dele mais que o autocrata ou o grupo dirigente oligárquico diante dos quais os súditos são uma massa inerte e privada de direitos. Os escritores democráticos sempre execraram a "falsidade" do príncipe com a mesma fúria e a mesma perseverança com que os escritores antidemocráticos têm condenado a eloquência enganadora dos demagogos. O que distingue o poder democrático do poder autocrático é que somente o primeiro, por meio da crítica livre e da liceidade de expressão dos diversos pontos de vista, pode desenvolver em si mesmo os anticorpos e permitir formas de "desocultamento".[35]

SUBGOVERNO, CRIPTOGOVERNO E PODER ONIVIDENTE

O tema mais interessante, com o qual se pode realmente colocar à prova a capacidade do poder visível de debelar o

---

35. Uma operação típica de "desocultamento" é precisamente a denúncia de escândalos, ou melhor, a denúncia de ações realizadas sem caráter público que, uma vez tornadas públicas, suscitam escândalo.

poder invisível, é o da publicidade dos atos do poder, que, como vimos, representa o verdadeiro momento de reviravolta na transformação do Estado moderno que passa de Estado absoluto a Estado de direito. Sobre este ponto, especialmente se se apreciar o modo através do qual se desenrolam as coisas na Itália, deve-se reconhecer francamente que não ocorreu a *debellatio* do poder invisível pelo poder visível. Refiro-me sobretudo ao fenômeno do subgoverno e ao que se poderia chamar de criptogoverno. Esta divisão do poder, não mais verticalmente ou horizontalmente, segundo as distinções clássicas, mas em profundidade, quer dizer, em poder emergente (ou público), semissubmerso (ou semipúblico) e submerso (ou oculto), não é muito ortodoxa mas pode servir para que se aptem aspectos da realidade que fogem das categorias tradicionais.

"Subgoverno" permaneceu até agora um termo quase exclusivamente jornalístico, embora já mereça entrar no universo do discurso técnico dos politicólogos. Talvez tenha chegado o momento de se tentar uma teoria do subgoverno, do qual existe apenas — e como! — uma prática. Tal prática está estreitamente conectada àquela função do Estado pós-keynesiano (que os neomarxistas chamam de Estado do capital) que é o governo da economia. Onde o Estado assumiu a tarefa do governar a economia, a classe política exerce o poder não mais apenas por meio das formas tradicionais da lei, do decreto legislativo, dos vários tipos de atos administrativos — que, desde quando existem um regime parlamentar e um Estado de direito (um Estado, entenda-se, em que os atos da administração pública são sub-

O FUTURO DA DEMOCRACIA | 163

metidos a controle jurisdicional), começaram a fazer parte da esfera do poder visível —, mas também por meio da gestão dos grandes centros de poder econômico (bancos, indústrias estatais, indústrias subvencionadas etc.), da qual acima de tudo extrai os meios de subsistência dos aparatos dos partidos, daqueles mesmos aparatos de que, por sua vez, mediante as eleições, extrai a própria legitimidade para governar. Diferentemente do Poder Legislativo e do Poder Executivo tradicional, o governo da economia pertence em grande parte à esfera do poder invisível, na medida em que se subtrai (se não formalmente, ao menos substancialmente) ao controle democrático e ao controle jurisdicional. No que se refere ao controle democrático, o problema da relação entre parlamento e governo da economia continua a ser um dos mais graves temas de debate por parte dos constitucionalistas, politicólogos e políticos, pela simples razão de que, não obstante uma ou outra inovação, como a introduzida pela lei de 24 de janeiro de 1978, nº 18, relativa ao controle parlamentar sobre as nomeações das empresas públicas, está bem longe de ser resolvido, como demonstram os escândalos que estouram inesperadamente, põem a opinião pública diante de novidades desconcertantes e revelam, mais que o descuido, a impotência do parlamento. Quanto ao controle jurisdicional dos atos administrativos, basta esta elementar observação: no Estado de direito a justiça administrativa foi instituída para tutelar o interesse do cidadão no que diz respeito às ilegalidades da administração pública, sob o pressuposto de que o cidadão por tais atos é em maior ou menor medida prejudicado. Mas quando o ato ilegal de uma repartição pública não ofende os interesses de um cidadão mas, ao contrário, os favorece, em outras palavras, quando o cidadão individual obtém uma vantagem com a pública ilegalidade, enfraquece-se o pressuposto sobre o qual fundou-se o instituto da justiça administrativa.

Chamo de "criptogoverno" o conjunto das ações realizadas por forças políticas subversivas que agem na sombra em articulação com os serviços secretos, ou com uma parte deles, ou pelo menos que não são por eles obstaculizadas. O primeiro episódio deste gênero na recente história da Itália foi inegavelmente a chacina da Praça Fontana. Não obstante o longo processo judiciário em várias fases e em várias direções, o mistério não foi revelado, a verdade não foi descoberta, as trevas não foram dissipadas. Apesar disto, não nos encontramos na esfera do inconhecível. Trata-se de um mero fato, pertencente enquanto tal à esfera do conhecível; embora não saibamos *quem* foi, sabemos com certeza que *alguém* foi. Não faço conjecturas, não avanço nenhuma hipótese. Limito-me a reevocar o que restou de suspeito após a conclusão do processo, qual seja, que o segredo de Estado tenha servido para proteger o segredo do antiestado. Refiro-me àquela chacina, ainda que à custa de parecer atrasado diante de um episódio remoto (mais que remoto: removido), embora reemergente, porque a degeneração do nosso sistema democrático começou lá, isto é, no momento em que um *arcanum*, no sentido mais apropriado do termo, entrou inesperada e imprevisivelmente em nossa vida coletiva, perturbou-a

O FUTURO DA DEMOCRACIA | 165

e foi seguido por outros episódios não menos graves e que ficaram igualmente obscuros. A maior parte dos homens tem a memória fraca quando não se trata das próprias feridas. Deve pois haver alguém que chame a si a tarefa de representar a memória coletiva e, portanto, de não omitir nada que nos ajude a entender. Nossa história recente foi atravessada por inúmeros fatos misteriosos para que não se deva refletir sobre a fragilidade e sobre a vulnerabilidade das nossas instituições democráticas, inclusive do ponto de vista sobre o qual procurei chamar a atenção nas presentes páginas, ou seja, o da opacidade do poder (opacidade como não transparência). E se a existência de um *arcanum imperii* ou *dominationis* permanece uma hipótese, não foi uma hipótese, mas uma dramática realidade, o retorno, impensável até a poucos anos atrás, das arcana *seditionis* sob a forma da ação terrorista. O terrorismo é um caso exemplar de poder oculto que atravessa toda a história. Um dos pais do terrorismo moderno, Bakunin, proclamava a necessidade de uma "ditadura invisível".[36] Quem decidiu ingressar num grupo terrorista é obrigado a cair na clandestinidade, coloca o disfarce e pratica a mesma arte da falsidade tantas vezes descrita como um dos estratage-

---

36. "Este programa pode ser claramente enunciado em poucas palavras: destruição total do mundo jurídico-estatal e de toda a assim chamada civilização burguesa mediante uma revolução popular espontânea, dirigida de modo invisível não por uma ditadura oficial, mas por uma ditadura anônima e coletiva de amigos da libertação total do povo de todos os grilhões, amigos estes solidamente unidos numa sociedade secreta e atuantes sempre e por toda parte em nome de um único fim e segundo um único programa" [M. A. Bakunin a S. G. Nekaev, in A. I. Herzen, *A un vecchio compagno*, organização de V. Strada, Turim, Einaudi, 1977, p. 80].

mas do príncipe. Mesmo ele respeita escrupulosamente a máxima segundo a qual o poder é tanto mais eficaz quanto mais sabe, vê e conhece sem se deixar ver.

Antes de terminar, gostaria de acenar com o outro tema que corre paralelo ao do poder invisível, qual seja, o tema do poder onividente. Como vimos, o próprio Bentham havia percebido perfeitamente os limites da sua construção quando escreveu que ela seria aplicável a outros estabelecimentos além da prisão mas apenas com a condição de que "o espaço não fosse amplo demais". Curiosamente, o limite do Panopticon era o mesmo que Rousseau admitia para a democracia direta, realizável apenas nas pequenas repúblicas. Mas hoje a ideia de que a democracia direta se tornou possível graças ao uso dos computadores não é mais o fruto de uma imaginação extravagante. E por que o próprio uso dos computadores não poderia tornar possível um conhecimento capilar dos cidadãos de um grande Estado por parte de quem detém o poder? Hoje, é impossível comparar o conhecimento que um monarca absoluto como Luiz XIII ou Luiz XIV tinha dos próprios súditos com o conhecimento que o governo de um Estado bem organizado pode ter dos próprios cidadãos. Quando lemos as histórias das *jacqueries* reparamos o quão pouco conseguia "ver" o monarca com o seu aparato de funcionários, e como as revoltas estouravam sem que o poder, apesar de absoluto, estivesse em condições de preveni-las, embora não fosse muito sutil ao reprimi-las. Quão pouco em comparação com as enormes possibilidades hoje abertas para um Estado dono dos grandes memorizadores artificiais. Se esta perspectiva é apenas um pesadelo ou um destino ninguém está em condições de prever. Seria de todo modo uma tendência oposta à que deu vida ao ideal da democracia como ideal do poder visível: a tendência não mais rumo ao máximo controle do poder por parte dos cidadãos, mas ao contrário rumo ao máximo controle dos súditos por parte de quem detém o poder.

LIBERALISMO VELHO E NOVO

REAVIVOU-SE NOS ÚLTIMOS ANOS NA ITÁLIA, e não somente na Itália, o interesse pelo pensamento liberal e por sua história. Alimentou-o com iniciativas várias e culturalmente sérias sobretudo o Centro Einaudi de Turim, por um lado através da revista periódica *Biblioteca da Liberdade*, cujo número 76 (jan.-mar. 1980), dedicado à memória de seu fundador, Fulvio Guerrini, intitulado "A liberdade dos contemporâneos" (que não deveria ser nem a dos antigos, nem a dos modernos, nem a dos... pósteros), traz artigos de Dahrendorf e Sartori, de Matteucci e Pasquino, de Giorgio Galli e de Urbani, de Ricossa e Giovanna Zincone, e pode ser acolhido como uma visão de conjunto das tendências e perspectivas do neoliberalismo; por outro lado, com a série de *Cadernos* que tornaram conhecidos autores como Milton Friedman, Samuel Brittan, James Buchanan, William Niskanen, que já há tempo, especialmente nos Estados Unidos, estão no centro de um vigoroso debate. Há mais de um ano circula a revista bimestral *Livro aberto*, que noticia os vários movimentos liberais e neoliberais no mundo. Somente no ano de 1981 foram publicados, a breves intervalos, *Perfil do liberalismo europeu*, de Ettore Cuomo (Esi, Roma); *Ética e política na crise liberal*, de Giuseppe

Pezzino (Rts, Pisa); *Vitorianos e radicais. De Mill a Russell*, de Nadia Boccara (Ateneo, Roma); e *O liberalismo numa democracia ameaçada*, de Nicola Matteucci (Il Mulino, Bolonha), um estudioso que ao longo de todos estes anos, em defesa da tradição liberal, exaltada principalmente através do autor predileto, Tocqueville, esteve sempre na linha de fogo contra "os três males extremos": o comunismo, o socialismo e a democracia populista. Enquanto eu escrevia as presentes páginas, a editora Laterza lançou um novo livro de Dahrendorf, de título cativante, *A liberdade que muda* (com introdução de Lucio Colletti), e Armando Armando publicou um livro coletivo, com um título eficaz, *Libertar a liberdade*, que se abre com o "Manifesto pela liberdade" de Jean-Claude Colli.

Stuart Mill visto pela esquerda

A verdadeira surpresa, porém, foi a reedição de um clássico do liberalismo como *On Liberty*, de John Stuart Mill (Il Saggiatore, Milão), na nova coleção O Espaço Político, uma coleção com clara orientação de esquerda — mas de uma esquerda não dogmática, disposta a confrontar-se com a direita iluminada (Luhmann) e a frequentar autores antes malditos (Carl Schmitt). A nova coleção é dirigida por Giulio Giorello e Marco Mondadori, os quais, conhecidos estudiosos de Filosofia da Ciência e alunos daquele pai da moderna metodologia científica que é Ludovico Geymonat (que provavelmente os teria politicamente excomungado), descobrem o liberalismo político de Mill através do libertarismo metodológico de Feyerabend (pondo com isto em discussão um problema como o da relação entre filosofia da ciência e filosofia política, a ser ainda aprofundado); e, uma vez reconhecida através de Mill e Feyerabend a fecundidade do conflito e do dissenso, da pluralidade dos pontos de vista, chegam à conclusão de que é necessária, para a esquerda, uma verdadeira "revolução copernicana", que consistiria em superar o dogma dos sistemas centrados e em reconhecer o sistema social como um conjunto de interações entre grupos com funções de utilidade (a citação é extraída de J. C. Harsanyi), que, enquanto tal, exclui toda concentração do poder que pretenda organizar a vida social segundo um plano unitário (e aqui a citação é tirada, nada mais nada menos, do príncipe dos economistas liberais, Friedrich von Hayek).

Uma surpresa deste tipo não poderia deixar de suscitar uma vasta onda de comentários, uns condescendentes, outros enfadados, outros ainda perplexos ou até mesmo fortemente polêmicos.[1] No meu caso, esta inusitada e inesperada exumação de Mill por parte de autores que não renunciaram a se considerar de esquerda fez pensar num curioso intercâmbio entre duas gerações crescidas em situações históricas diversas. Recordo com que avidez e ânsia de descoberta, durante os últimos anos do fascismo, nós — que jamais havíamos rompido

---

1. Veja-se, por exemplo, o comentário a várias vozes sobre esta edição de *On liberty* na revista *Pagina*, II, maio-junho 1981, n° 8-9, pp. 30-33.

as relações com a tradição liberal mantida viva, com dignidade e eficácia, pelos Croce, pelos Einaudi, pelos Salvatorelli, pelos Omodeo — redescobrimos Marx, a sua extraordinária força de ruptura com as ideias recebidas, a sua capacidade de nos fazer ver a história do ângulo daqueles que jamais tinham tido a "sua" história, a sua crítica feroz das ideologias, máscaras por detrás das quais se esconde a cobiça de poder e de riqueza. Devemos nos surpreender se hoje, após tanto marxismo acadêmico, esquemático, tediosamente repetitivo, e depois que as revoluções feitas em nome de Marx deram origem a regimes despóticos, uma nova geração animada de espírito crítico, e com uma mentalidade iconoclástica (o 68 não passou em vão) redescobre os escritores liberais? Como se sabe, a mais célebre edição italiana do ensaio de Mill sobre a liberdade foi a feita por Piero Gobetti no exato momento em que o fascismo estava impondo ao país um Estado iliberal (1924). Gobetti solicitou o prefácio a um de seus mestres, Luigi Einaudi, a mais culta e firme voz do liberalismo-liberismo* italiano. Seria o próprio Gobetti, porém, que no mesmo ano escreveria um breve e veemente artigo intitulado *A hora de Marx*, que terminava com estas palavras proféticas: "É provável que os parênteses fascistas

---

* Em italiano, o termo "liberalismo" abarca sobretudo o universo do liberalismo *político*, e o termo "liberismo" (que aqui traduzo literalmente), o universo do liberalismo *econômico*, referindo-se basicamente à restauração do livre-cambismo. [*N. do T.*]

não sejam breves: mas será certamente em nome de Marx que as vanguardas operárias e as elites intransigentes o sepultarão junto com todas as suas lisonjas."[2] Como se vê, os caminhos da política, como os do Senhor, são infinitos. A história das ideias procede através de um contínuo embaralhamento de cartas que nos satisfaz os caprichos a cada jogada e nos impede qualquer previsão.

Só posso me alegrar que dois intelectuais de esquerda tenham relido com adesão um dos clássicos do liberalismo e recomendem esta leitura a seus companheiros de estrada. Sinal de que a desconfiança (e a ignorância) recíproca entre as duas culturas (a liberal e a socialista) está para terminar. Muito justamente os marxistas lamentaram, com frequência, a superficialidade e o partido tomado pelos demolidores de Marx. Mas com não menor razão os liberais protestaram contra as liquidações sumárias das grandes conquistas do pensamento liberal, vendidas desdenhosamente como um subproduto dos interesses da burguesia (naturalmente "sórdidos"). Para quem continuou, mesmo nos momentos menos propícios, a ler os clássicos do liberalismo e jamais os considerou cães mortos (e cães mortos eles foram para toda a cultura marxista-leninista italiana, que aceitara Rousseau, mas não Locke, Hegel, mas não Kant), a reproposição de Mill pela esquerda é um acontecimento que só pode provocar alegria. As ideias expressas com tanta felicidade por Mill so-

---

2. P. Gobetti, *Scritti politici*, Turim, Einaudi, 1960, p. 641.

bre a necessidade de antepor limites ao poder, mesmo quando este poder é o da maioria, sobre a fecundidade do conflito, o elogio da diversidade, a condenação do conformismo, a absoluta prioridade que se deve dar, numa sociedade bem governada, à liberdade das opiniões, tornaram-se no século XIX lugar comum da publicística dos países civis. Relendo a introdução de Giorello e Mondadori, refleti sobre a espessura das trevas que devem ter recoberto estas ideias na tradição de pensamento da esquerda europeia a ponto de fazer com que elas, hoje, ressurgindo à luz do sol, possam ser apresentadas como uma revelação. Pensei em Carlo Cattaneo, que dedicou toda a vida e a inteligência multiforme para aprofundar e divulgar a doutrina da antítese como mola do progresso e do Estado como "imensa transação". A partir da teoria popperiana da sociedade aberta, a oposição fechado/aberto passou a ocupar o posto da oposição iluminista luz/trevas. Cattaneo havia afirmado que onde o princípio de uma sociedade é único e exclusivo o sistema é fechado e portanto estático, e onde os princípios são muitos e estão em contínua e fecunda rivalidade entre si o sistema é aberto e progressivo. Escrevia que as civilizações estacionárias, como as "chinesas", são sistemas fechados; as civilizações em movimento, como a romana antiga e a inglesa moderna, são sistemas abertos. E perguntando-se como se abrem os sistemas fechados, respondia que isto ocorreria com o "enxerto" de princípios estranhos que modificariam o antigo equilíbrio. Também para Mill, segundo uma ideia propagada, a China era uma sociedade "estática"; se vier a melhorar, pensava ele, "será graças aos estrangeiros".[3] E o conflito? Escrevia Cattaneo: "Pelo atrito perpétuo das ideias acende-se ainda hoje a chama do gênio europeu."[4]

ESTADO LIBERAL E ESTADO SOCIAL

O ensaio de Mill é o *abc* do liberalismo. Mas após estas letras, como ocorreu nos últimos cento e cinquenta anos, vêm todas as demais letras do alfabeto. E não chegamos ainda ao z. Não estou muito longe de Federico Stame, que escreveu que os caminhos da reconstrução de uma nova doutrina da liberdade são bem mais difíceis do que poderia imaginar um pensador utilitarista (e preconceituosamente eurocentrista) do século XIX,[5] e do que, acrescento eu, pensam os incansáveis defensores do neoliberismo que decretaram a morte do *Welfare State*.

O princípio de justiça a que se vincula Mill é o do *neminem laedere*: "O único objetivo pelo qual se pode legitimamente exercer um poder sobre qualquer membro de uma comunidade civilizada, contra a sua vontade, é o de evitar danos aos outros."[6] Mas depois do *neminem laedere* vem, como sabem todos, o *suum cuique tribuere*. Comentando os

---

3. J. S. Mill, *Saggio sulla libertà*, Milão: Il Saggiatore, 1981, p. 103.
4. C. Cattaneo, *Scritti letterari*, Firenze: Le Monnier, 1925, p. 292. Sobre estas ideias de Cattaneo detive-me mais longamente no livro *Una filosofia militante. Studi su Carlo Cattaneo*, Turim, Einaudi, 1971, especialmente pp. 112 ss.
5. F. Stame, "Oltre Mill", *in Pagina*, II, maio-junho 1981, nº 8-9, p. 30.
6. Mill, *Saggio sulla libertà, op. cit.*, p. 32.

praecepta iuris dos juristas romanos,* já Leibniz (mas que coisa velha!) observava que o primeiro era suficiente para regular o *ius proprietatis* [direito de propriedade], mas que para regular o *ius societatis* [direito da sociedade] era necessário também o segundo. Realmente, como pode uma sociedade manter-se unida sem um critério qualquer de justiça distributiva? De resto, o próprio Mill disso se dá conta quando, retomando o tema no final do ensaio, sustenta que a conduta que o governo pode impor é, em primeiro lugar (atente-se, "em primeiro lugar"), a que consiste em "não prejudicar os outros", para logo acrescentar que, em segundo lugar, o governo deve impor a cada um a exigência de "arcar com a própria parte (a ser determinada *com base em princípios equitativos*) de esforços e sacrifícios necessários para defender a sociedade e os seus membros de danos e incômodos".[7] Sublinhei a frase " com base em princípios equitativos". Mas o que são estes princípios "equitativos" se não princípios de justiça distributiva?

Não obstante a ideia corrente na filosofia do direito moderno (até Hegel inclusive) de que o direito, diferentemente da moral, consiste em preceitos negativos, cujo primeiro é o *neminem laedere*, todo ordenamento jurídico, mesmo o do Estado liberal ideal (que na realidade jamais existiu), consiste em preceitos negativos e positivos. A

---

7 *Ibid.*, p. 106.

* Referência a máximas do jurista romano Ulpiano (150-223) que se converteram em princípio do direito: *Iunis Praecepta Sunt haec: Honeste Vivere, Neminem Laedere, Suum Cuique Tribuere* [São estes os preceitos do direito: viver honestamente, não prejudicar a ninguém, dar a cada um o que lhe pertence]. [*N. do T.*]

ideia de que o único dever do Estado seja o de impedir que os indivíduos provoquem danos uns aos outros, ideia que será levada às extremas consequências e à máxima rigidez pelo liberalismo extremo de Herbert Spencer, deriva de uma arbitrária redução de todo o direito público a direito penal (donde a imagem do Estado guarda-noturno ou gendarme). Como pude afirmar em diversas ocasiões, a passagem do Estado liberal para o Estado social é assinalada pela passagem de um direito com função predominantemente protetora-repressiva para um direito sempre mais promocional.[8] Isto porém não quer dizer que em algum lugar tenha existido um Estado limitado apenas a impedir, sem estender sua ação também para a promoção de comportamentos úteis à convivência ou tão somente à sobrevivência, como aquele, adotado por Mill, da defesa comum, ao menos na medida em que o Estado deve proteger não apenas um indivíduo do outro, mas também todos os indivíduos em seu conjunto enquanto grupo de um outro Estado. De qualquer modo: grande ou pequena que seja a função positiva do Estado (não só impedir mas também promover, não só proteger mas também exigir), a verdade é que já não basta mais a justiça comutativa (para retomar a distinção tradicional, sempre válida), que consiste em fazer corresponder ao bem (ou ao mal) realizado um bem (ou mal) igual e contrário com base no critério da igualdade aritmética. Para

---

8. Refiro-me de modo particular aos ensaios incluídos no volume *Dalla struttura alia funzione. Nuovi studi di teoria del diritto*, Edizioni di Comunità, Milão, 1977.

que uma sociedade permaneça reunida é preciso que se introduza também algum critério de justiça distributiva. Aqui, como todos sabem, começam as dificuldades. Distribuir: mas com qual critério? O debate atual sobre o Estado social nasce da divergência de respostas a esta pergunta tão simples.

Não que seja simples a determinação da correspondência entre dano e ressarcimento, entre delito e castigo. Basta pensar nas mudanças ocorridas na história do conceito de pena e da sua medida. Não que seja tão óbvio o que se deve entender por dano (pense-se no problema suscitado pela poluição industrial) ou por delito (pense-se no problema dos chamados delitos de opinião, nos quais é tão difícil estabelecer onde termina o comportamento lícito e onde começa o ilícito). Mas não preciso sublinhar que quando se trata de distribuir ônus ou vantagens, as coisas se complicam terrivelmente. Também aqui, como no caso da justiça comutativa, os problemas são dois: o que distribuir e com qual critério. Mas no caso da justiça comutativa que preside às trocas, à pergunta "o que deve fazer o Estado?", a resposta tradicional aceita por Mill — "Deve-se reprimir a conduta danosa" —, apesar de sua generalidade, é clara e compartilhada universalmente, salvo por aqueles que consideram que o Estado deve reprimir também a conduta imoral independentemente do dano que possa causar a terceiros. (Recordo que o ensaio de Mill foi oportunamente adotado, numa conhecida disputa ocorrida entre juristas e filósofos ingleses há alguns anos, para refutar a tese da função moralizante do direito penal).[9] Ao contrário, no caso em que se deve fazer intervir a justiça distributiva, não é nem claro nem universalmente compartilhado o que se deve distribuir e com qual critério. Simplificando, mas sem exagerar, pode-se dizer que aqui passa a linha divisória entre defensores do Estado liberal e defensores do Estado social. No direito civil e no direito penal dos países mais avançados, nas partes do sistema jurídico em que se aplica a justiça comutativa (ou corretiva), existem tendências comuns que podem ser com utilidade comparadas entre si. Mas nestes países, com respeito aos critérios de distribuição dos ônus e das vantagens, cruzam-se e se contrapõem, num contraste aparentemente sem saída, as ideias mais disparatadas.

QUAL LIBERALISMO?

Quando se fala de crescente interesse pelo pensamento liberal é preciso entender-se. Também para o pensamento liberal pode-se pôr a pergunta que me pus há alguns anos para o socialismo. Qual liberalismo? Podem ser postas as mesmas questões que se põem habitualmente para toda ideologia: quando nasceu, quais foram suas várias encarnações, que autores integram a história do liberalismo etc.

---

9. Trata-se do debate suscitado por H. A. L. Hart, que para combater as ideias tradicionalistas de alguns juízes ingleses apoiou-se explicitamente nas teses sustentadas por Mill no ensaio sobre a liberdade do qual estamos falando [o ensaio de Hart apareceu também em italiano, *Diritto morale e libertà*, prefácio de G. Gavazzi, Bonanno, Catania, 1968].

Porém, diferentemente do socialismo, que há mais de um século se vem identificando na maior parte da sua história com a obra de um único pensador — pois a contraposição não é tanto entre liberalismo e socialismo quanto entre liberalismo e marxismo —, o liberalismo é um movimento de ideias que passa por diversos autores diferentes entre si, como Locke, Montesquieu, Kant, Adam Smith, Humboldt, Constant, John Stuart Mill, Tocqueville, para lembrar somente dos autores que subiram ao céu dos clássicos. Porém, por mais numerosos que possam ser os aspectos sob os quais se apresenta a doutrina liberal passando de autor a autor, já que é boa regra não multiplicar os entes, considero que, mesmo ao término do discurso que estou fazendo, os aspectos fundamentais são o econômico e o político, e por isso merecem estar sempre presentes. O liberalismo é, como teoria econômica, defensor da economia de mercado; como teoria política, é defensor do Estado que governe o menos possível ou, como se diz hoje, do Estado mínimo (isto é, reduzido ao mínimo necessário).

As relações entre as duas teorias são evidentes. Certamente um dos modos de reduzir o Estado aos mínimos termos é o de subtrair-lhe o domínio da esfera em que se desenrolam as relações econômicas, ou seja, fazer da intervenção do poder político nos negócios econômicos não a regra mas a exceção. Porém, as duas teorias são independentes uma da outra e é melhor considerá-las separadamente. São independentes porque a teoria dos limites do poder do Estado não se refere apenas à intervenção na esfera econômica, mas se estende à esfera espiritual ou ético-religiosa. Deste ponto de vista, o Estado liberal é também um Estado laico, isto é, um Estado que não se identifica com uma determinada confissão religiosa (nem com uma determinada concepção filosófico-política, como, por exemplo, o marxismo-leninismo), e isto mesmo quando se considere que um Estado pode ser laico, isto é agnóstico em matéria religiosa e filosófica, apesar de ser intervencionista em matéria econômica. Embora seja difícil imaginar um Estado liberal que não seja ao mesmo tempo defensor da livre-iniciativa econômica e é inconcebível um Estado que seja liberal sem ser laico, é perfeitamente concebível um Estado laico não liberal e não liberista, como é certamente o caso de um Estado com governo socialdemocrático.

Através da concepção liberal do Estado tornam-se finalmente conhecidas e constitucionalizadas, isto é, fixadas em regras fundamentais, a contraposição e a linha de demarcação entre o Estado e o não Estado. Por não Estado entendo a sociedade religiosa e em geral a vida intelectual e moral dos indivíduos e dos grupos, bem como a sociedade civil (ou das relações econômicas no sentido marxiano da palavra). O duplo processo de formação do Estado liberal pode ser descrito, de um lado, como emancipação do poder político do poder religioso (Estado laico) e, de outro, como emancipação do poder econômico do poder político (Estado do livre mercado). Através do primeiro processo de emancipação, o Estado deixa de ser o braço secular da igreja; através do segundo, torna-se o braço secular da burguesia mercantil e empresarial. O Estado liberal é o Estado que permitiu a perda do monopólio do poder ideológico, mediante a concessão dos direitos civis, entre os quais sobretudo do direito à liberdade religiosa e de opinião política, e a perda do monopólio do poder econômico, mediante a concessão da liberdade econômica; terminou por conservar unicamente o monopólio da força legítima, cujo exercício porém está limitado pelo reconhecimento dos direitos do homem e pelos vários vínculos jurídicos que dão origem à figura histórica do Estado de direito. Através do monopólio da força legítima — legítima porque regulada pelas leis (trata-se do Estado racional-legal descrito por Max Weber) —, o Estado deve assegurar a livre circulação das ideias, e portanto o fim do Estado confessional e de toda forma de ortodoxia, e a livre circulação dos bens, e portanto o fim da ingerência do Estado na economia. Característica da doutrina liberal econômico-política é uma concepção negativa do Estado, reduzido a puro instrumento de realização dos fins individuais, e por contraste uma concepção positiva do não Estado, entendido como a esfera das relações nas quais o indivíduo em relação com os outros indivíduos forma, explicita e aperfeiçoa a própria personalidade.

Não ignoro que ao lado do liberalismo econômico e do liberalismo político costuma-se falar de um liberalismo ético, mas este é apenas uma condição dos outros dois que pode muito bem aparecer como já suposto neste contexto. Por liberalismo ético entende-se a doutrina que coloca no primeiro posto da escala de valores o indivíduo, consequentemente a liberdade individual, no duplo sentido de liberdade negativa e de liberdade positiva. Tanto a exigência de liberdade econômica quanto a exigência de liberdade política são consequências práticas, traduzíveis em regras e instituições, do primado axiológico do indivíduo. Quando se discorre sobre liberalismo, como de resto também sobre socialismo, faz-se referência a um complexo de ideias que dizem respeito à condução e à regulamentação da vida prática, e em particular da vida associada. Já que a afirmação da liberdade de um se resolve sempre na limitação da liberdade de outro, num universo de bens consumíveis e de recursos limitados como é aquele no qual estão destinados a viver os homens, o postulado ético da liberdade individual vale como princípio inspirador mas deve ser aplicado a casos concretos; daí que o problema que a doutrina liberal está chamada a resolver, enquanto doutrina econômica e política, é o de tornar possível a coexistência das liberdades, o que se traduz na formulação e aplicação de regras práticas de conduta, e em definitivo na proposta de um certo sistema econômico e de um certo sistema político.

A CRÍTICA DOS SOCIALISMOS REAIS

Esta insistência no duplo aspecto do liberalismo é justificada pela natureza do tema que me propus a tratar. De fato, o renascido interesse pelo pensamento liberal tem duas faces: por um lado é a reivindicação das vantagens da economia de mercado contra o Estado intervencionista, por outro lado é a reivindicação dos direitos do homem contra toda forma nova de despotismo.

São duas faces que se olham mas que também podem não se olhar, na medida em que têm dois campos de observação diversos. No entanto, aqui me interessa destacar que ambos estes grupos de reivindicações estão polemicamente dirigidos contra as únicas duas formas de socialismo até agora realizadas — contra o socialismo democrático, o primeiro grupo, contra o socialismo dos países dominados pela União Soviética, o segundo grupo. De um ponto de vista histórico, portanto, seria possível interpretar a redescoberta do liberalismo como uma tentativa de revanche do liberalismo *real*, dado por morto, contra o socialismo *real*, nas suas duas únicas versões históricas: a social-democracia, que produziu o Estado do bem-estar, e o comunismo, que produziu uma nova forma de Estado iliberal na União Soviética e nas suas mais ou menos forçadas imitações. No século passado, a polêmica dos socialistas contra os liberais fundava-se sobre a contraposição de um projeto ideal de sociedade a um Estado existente, e era uma contraposição na qual podia ficar em boa posição quem contrapunha aos malefícios presentes os benefícios presumíveis de uma sociedade futura até então apenas imaginada. Mas após a Primeira e ainda mais após a Segunda Guerra Mundial, o socialismo tornou-se uma realidade ou uma meia realidade, e pode ser contestado no mesmo plano em que ele contestava no século passado o Estado liberal, isto é, através da apresentação de fatos (e delitos).

Até poucos anos atrás, foi sobretudo o liberalismo político que conservou a sua carga polêmica contra a destruição dos direitos do homem feita pelo stalinismo e bateu-se para contestar a tese segundo a qual os direitos do homem, nascidos na sequência das lutas do terceiro estado contra as monarquias absolutas, são direitos voltados para a defesa dos interesses da burguesia e portanto não são universalmente válidos (mas agora também a tese do nascimento exclusivamente burguês destes direitos foi historicamente refutada). Não se pode negar que uma batalha deste gênero obteve algum resultado, por exemplo na formação daquele comunismo "revisado" (*absit iniuria verbo!*) que é o eurocomunismo. Desde há alguns anos, porém, é o liberalismo econômico, ou liberismo, que ergueu a cabeça. Seu alvo não é tanto o coletivismo dos países onde os partidos comunistas assumiram o poder, quanto o Estado assistencial, isto é, o experimento social-democrático. Num certo sentido, o ataque contra o sistema soviético é dado como favas contadas. O que agora excita o espírito agressivo dos novos liberais é o efeito, considerado desastroso, das políticas keynesianas adotadas pelos Estados economicamente e politicamente mais avançados, especialmente sob o impulso dos partidos social-democráticos ou trabalhistas. Os vícios que habitualmente eram atribuídos aos Estados absolutos — burocratização, perda das liberdades pessoais, desperdício de recursos, má condução econômica — passam a ser agora pontualmente atribuídos aos governos que adotaram políticas de tipo social-democrático ou trabalhista. Quem ainda acredita poder contrapor um socialismo bom a um mau deveria, segundo os neoliberais, rever sua opinião. Tudo o que lembra, mesmo que de longe, o socialismo, inclusive na sua forma mais atenuada (que os socialistas consideram não socialista), cheira mal e deve ser jogado fora. Se alguém chegou a pensar que dos direitos de liberdade deveriam ser excluídos os direitos à liberdade econômica (como de fato foram excluídos na Declaração Universal dos Direitos do Homem, obrigada a contemplar exigências diversas), deveria agora convencer-se, segundo aqueles neoliberais, diante da prestação de contas de governos que confiantemente aplicaram políticas de assistência e de intervenção pública, que sem liberdade econômica não existe nenhuma liberdade e se abre o caminho da servidão, para retomar o célebre título de um livro de von Hayek. (De resto, a indissolubilidade de liberalismo político e de liberismo econômico foi a tese sustentada por Einaudi na sua bem conhecida controvérsia com Croce nos anos 1940).

Diante de uma ofensiva como esta, o golpe mais forte é recebido pelo social-democrata, o qual, após a falência do coletivismo integral, acreditava poder defender-se com bons argumentos dos ataques à sua esquerda, rejeitando a acusação de ter renunciado a perseguir o fim último de uma sociedade socialista e de ter aceitado um *modus vivendi* com o capitalismo. Agora o ataque mais insidioso vem da direita, para a qual também o Estado do bem-estar estaria à beira da falência (embora não tenha ainda falido) e trilhando a estrada que conduz ao totalitarismo, não obstante suas pretensões de não ter cedido às lisonjas do atalho da ditadura, como fez o comunismo, irmão inimigo. Assim, o social-democrata vê-se entre dois fogos. Muitas vezes quem procura obter um acordo entre dois litigantes acaba por desagradar a ambos. Nestes últimos anos lemos não sei quantas páginas sempre mais polêmicas e sempre mais documentadas sobre a crise deste Estado capitalista mascarado que é o Estado do bem-estar, sobre a hipócrita integração que levou o movimento operário à grande máquina do Estado das multinacionais. Agora estamos lendo outras tantas páginas não menos doutas e documentadas sobre a crise deste Estado socialista igualmente mascarado que, com o pretexto de realizar a justiça social (que Hayek declarou não saber exatamente o que seja), está destruindo a liberdade individual e reduzindo o indivíduo a um infante guiado do berço à tumba pela mão de um tutor tão solícito quanto sufocante. Uma situação paradoxal, quase grotesca. Como então se pode definir uma situação em que a mesma forma de Estado — e atente-se que se trata de forma de Estado que se veio realizando praticamente em todos os países democráticos — é condenada como capitalista pelos marxistas velhos e novos, e como socialista pelos velhos e novos liberais? Das duas uma: ou estas categorias — capitalismo, socialismo etc. — tornaram-se tão gastas que não podem mais ser usadas sem criar confusão, ou a dupla crítica é apenas aparentemente contraditória, porque de fato o Estado do bem-estar foi (e será talvez ainda por muito tempo, suponho) uma solução de compromisso que, como todas as soluções de compromisso, presta-se a ser contestada pelas partes opostas.

Se de dois indivíduos que de longe observam uma figura, um diz que ela é um homem e o outro que é um cavalo, antes de conjecturar que ambos não sabem distinguir um homem de um cavalo, é lícito pensar que tenham visto um centauro (e então seria possível sustentar que se equivocaram ambos, pois os centauros não existem).

Cursos e recursos

A ofensiva já em parte bem-sucedida dos liberais-liberistas contra o Estado assistencial coloca um curioso problema de filosofia da história, especialmente para a esquerda. O movimento operário nasceu no século passado sob o signo de uma concepção progressiva e determinista da história. Progressiva no sentido de que o curso histórico desenvolver-se-ia numa direção segundo a qual cada fase representa, com relação à fase precedente, um avanço no caminho que vai da barbárie à civilização; determinista na medida em que cada fase está inscrita num projeto racional (ou providencial) e deve necessariamente acontecer. Nesta concepção da história, o socialismo sempre representou uma nova fase de desenvolvimento histórico, sobre cujo advento e sobre cuja positividade os partidos do movimento operário jamais tiveram dúvidas.

Em vez disto, o que aconteceu? Onde o socialismo se realizou, é muito difícil interpretá-lo como uma fase progressiva da história: talvez possa ser assim considerado quando comparado com os países atrasados nos quais conseguiu se impor. Onde não se realizou ou se realizou pela metade, como no Estado do bem-estar, não só não se vê bem como a outra metade se pode realizar, como se constata que se está desenvolvendo uma forte tendência a voltar atrás com relação à metade já percorrida. Se é verdade que as expectativas frustradas da revolução burguesa — que pretendia ser universal (não a libertação de uma classe mas do homem) e não foi — podem ter provocado a crítica das várias correntes socialistas e em primeiro lugar do marxismo, é igualmente verdade que as expectativas frustradas do socialismo — tanto do total como do parcial — provocaram não uma fase ulterior de progresso histórico que ninguém até agora pôde prever e menos ainda delinear, mas a tentação de voltar atrás. Quando num labirinto (a imagem do labirinto começa a ficar na moda) percebemos que acabamos por chegar a uma via sem saída, retornamos sobre os próprios passos; ao fazermos isto, entretanto, pode acontecer de percebermos que estávamos no caminho justo e que foi um erro abandoná-lo. Assim devem ser entendidas as palavras dos novos economistas, para quem, no final das contas, o capitalismo é o mal menor, pois é o sistema no qual o poder está mais difuso e cada um tem o maior número de alternativas.

Deste modo, uma concepção progressiva e determinista da história é substituída por uma concepção cíclica e indeterminista (por prova e erros), segundo a qual a cada ciclo concluído se retorna ao ponto de partida. A esta ideia do retorno é possível aplicar a categoria historiográfica da "restauração". De resto, foi exatamente na época da Restauração que o liberalismo conheceu seu maior período de vigor intelectual (o período que Croce chamou de "religião da liberdade"). Naturalmente, falar hoje de restauração é prematuro. Diante de governos restauradores como o da senhora Thatcher ou o de Reagan, é o caso de dizer *respice finem*. Além do mais, o conceito de restauração pressupõe uma teoria da história extremamente simplificada, dualista, com um monótono alternar-se de momentos positivos e de momentos negativos. Numa concepção da história mais complexa e também mais aderente à realidade do desenvolvimento histórico, tende-se a interpretar o neoliberalismo como uma terceira fase, uma espécie de negação da negação em sentido dialético, na qual não se perde nada do que houve de positivo na segunda fase. Assim devem ser entendidas as afirmações dos novos economistas, que não recusam as exigências das quais nasceu o Estado social (uma maior igualdade, a luta contra a pobreza etc.), mas sim os meios por ele utilizados, no lugar dos quais propõem outros, alternativos, como o imposto negativo ou a distribuição de bônus para a obtenção de serviços.

Respice finem. Sob ambos os aspectos, econômico e político, o liberalismo é a doutrina do Estado mínimo: o Estado é um mal necessário, mas é um mal. Não se pode deixar de lado o Estado, e portanto nada de anarquia, mas a esfera a que se estende o poder político (que é o poder de colocar na cadeia as pessoas) deve ser reduzida aos termos mínimos. Contrariamente ao que se afirma habitualmente, a antítese do Estado liberal não é o Estado absoluto, se por Estado absoluto se entender o Estado em que o poder do soberano não é controlado por assembleias representativas, é um poder que vem de cima para baixo. A antítese do Estado absoluto é o Estado democrático ou mais exatamente o Estado representativo, que através do progressivo alargamento dos direitos políticos até o sufrágio universal se transforma pouco a pouco em Estado democrático. A antítese do Estado liberal é o Estado paternalista, que toma conta dos súditos como se fossem eternos menores de idade e cuida da sua felicidade. Esta antítese é muito clara nos primeiros clássicos do liberalismo, Locke, Kant, Humboldt e, naturalmente, em Adam Smith. Tanto é verdade que nenhum dos primeiros propagadores do liberalismo pode ser arrolado entre os escritores democratas, assim como, vice-versa, o primeiro grande escritor democrata, Rousseau, não pode ser arrolado entre os escritores liberais. O Estado que os primeiros liberais combatiam era o chamado *Wohlfartsstaat*, ou seja, o estado do bem-estar daquele tempo, conforme expressão alemã. Certo, o "bem-estar" de que se ocupavam os príncipes reformadores era bem pouca coisa se comparado com aquele que é fornecido pelos Estados democráticos de hoje. Mas para os primeiros escritores liberais os termos da polêmica não são muito diversos dos termos postos pelos escritores liberais de hoje, segundo os quais o melhor bem-estar é aquele que os indivíduos conseguem encontrar por si mesmos, desde que sejam livres para buscar o próprio interesse. Já que pus em julgamento a filosofia da história, é o caso de pensar nos cursos e recursos. O Estado mínimo insurge-se contra o Estado paternalista dos príncipes reformadores; o Estado mínimo é hoje reproposto contra o Estado assistencial, do qual se deplora que reduza o livre cidadão a súdito protegido; numa palavra, é reproposto contra as novas formas de paternalismo.

O mercado político

No entanto, o Estado paternalista de hoje não é a criação do príncipe iluminado mas dos governos democráticos. Aqui está toda a diferença, e é uma diferença que conta. Uma diferença que conta porque, antes, a doutrina liberal podia ser bem-sucedida ao combater simultaneamente o paternalismo e o absolutismo, e portanto ao fazer caminhar no mesmo passo a emancipação da sociedade civil do poder político (o mercado contra o Estado, como se diria hoje) e a instituição do Estado representativo (o parlamento contra o monarca). Hoje, porém, esta luta em duas frentes conduziria inevitavelmente ao fim da democracia (e já existem as primeiras escaramuças nesta direção).

É fora de dúvida que o desenvolvimento anormal — como se fala hoje de vários pontos de vista — do Estado assistencial está estreitamente ligado ao desenvolvimento da democracia. Chega a ser até mesmo banal, tanto foi dito e repetido, sustentar que a lamentada "sobrecarga das demandas", da qual derivaria uma das razões da "ingovernabilidade" das sociedades mais avançadas, é uma característica dos regimes democráticos, nos quais as pessoas podem se reunir, se associar e se organizar para fazerem ouvir a própria voz, tendo também o direito, se não exatamente de tomarem elas mesmas as decisões que lhes dizem respeito, ao menos de escolherem os indivíduos que periodicamente considera os mais adaptados para cuidar de seus próprios interesses. O Estado dos serviços, enquanto tal sempre mais amplo e sempre mais burocratizado, foi uma resposta, que hoje se critica com juízo retrospectivo, a demandas justas provenientes de baixo. Hoje se sustenta que o fruto era venenoso, mas deve-se reconhecer que a árvore não podia dar frutos diferentes. Pessoalmente, não acredito nisto (portanto, não estou de acordo com os que gostariam de cortar a árvore pela raiz): pode ser que a presença em determinados países de partidos social-democratas tenha acelerado o processo de engrandecimento do Estado. Mas o fenômeno é geral. Os Estados Unidos da América são o país onde o Estado assistencial é hoje objeto das mais duras críticas, e neste país jamais existiu um partido social-democrata. Na Itália, o Estado assistencial cresceu à sombra dos governos democrata-cristãos, de governos guiados por um partido das classes médias. Quando os titulares dos direitos políticos eram apenas os proprietários, era natural que a maior solicitação dirigida ao poder político fosse a de proteger a liberdade da propriedade e dos contratos. A partir do momento que os direitos políticos foram estendidos aos que nada têm e aos analfabetos, tornou-se igualmente natural que aos governantes, que acima de tudo se proclamavam e num certo sentido eram representantes do povo, passassem a ser pedidos trabalhos, medidas previdenciárias para os impossibilitados de trabalhar, escolas gratuitas e — por que não? — casas populares, tratamentos médicos etc. A constituição italiana não é uma constituição socialista, mas todas estas exigências são reconhecidas como a coisa mais óbvia do mundo, chegando a ser inclusive transformadas em direitos.

A conclusão não muda se se observa este nexo entre processo de democratização e crescimento do Estado assistencial do ponto de vista não apenas dos governados, ou seja, dos que apresentam as demandas ao Estado, mas também da parte dos governantes, ou seja, dos que devem dar as respostas. Devem-se sobretudo aos economistas a descoberta e o desenvolvimento da analogia entre o mercado e a democracia. Trata-se de uma analogia que deve ser considerada com a máxima cautela, tantas são as afinidades aparentes e as diferenças substanciais. Não deixa entretanto de ser iluminadora a ideia de Max Weber — retomada, desenvolvida e divulgada por Schumpeter — de que o líder político pode ser comparado a um empresário cujo lucro é o poder, cujo poder se mede por votos, cujos votos dependem da sua capacidade de satisfazer interesses de eleitores e cuja capacidade de responder às solicitações dos eleitores depende dos recursos públicos de que pode dispor. Ao interesse do cidadão eleitor de obter favores do Estado corresponde o interesse do político eleito ou a ser eleito de concedê-los. Entre um e outro estabelece-se uma perfeita relação de *do ut des*: um, através do consentimento confere poder, o outro, através do poder recebido, distribui vantagens ou elimina desvantagens. Entende-se que não podem ser todos satisfeitos, mas também na arena política, como na econômica, existem os mais fortes e os mais fracos, a habilidade do político consistindo, exatamente como no mercado, em compreender os gostos do público e talvez orientá-los. Também na arena política existem os vencedores e os perdedores, os bem-sucedidos nos negócios e os que abrem falência, mas quanto mais a arena política é constituída à base das regras do jogo democrático, onde todos têm certa autoridade e podem organizar-se para afirmá-la, tanto mais é preciso que os organizadores do espetáculo melhorem seu desempenho para serem aplaudidos.

Se o núcleo da doutrina liberal é a teoria do Estado mínimo, a prática da democracia — que também é uma consequência histórica do liberalismo ou pelo menos um prolongamento histórico seu (se nem todos os Estados inicialmente liberais tornaram-se democráticos, a verdade é que todos os Estados democráticos existentes foram originariamente liberais) — conduziu a uma forma de Estado que mínimo não é mais, embora não seja o Estado máximo dos regimes totalitários. O mercado político, se queremos continuar a usar esta analogia, se superpôs ao mercado econômico, e o corrigiu ou o corrompeu, conforme os pontos de vista. Trata-se então de saber se é possível voltar ao mercado econômico, como pedem os novos liberais, sem reformar ou até mesmo abolir o mercado político. Se não aboli-lo, ao menos limitar-lhe o raio de ação. As propostas políticas destes novo liberais vão todas nesta direção, que está na lógica da doutrina clássica dos limites do poder do Estado, pouco importando se o poder do Estado seja, como é nos regimes democráticos, o poder do povo e não do príncipe.

LIBERALISMO E DEMOCRACIA SÃO COMPATÍVEIS?

Não entro no mérito das propostas políticas neoliberais porque o assunto foi amplamente discutido nos últimos tempos.[10] Interessa-me bem mais destacar que liberalismo e democracia — que ao menos desde há um século têm sido sempre considerados a segunda como o natural prosseguimento do primeiro — mostram não ser mais totalmente compatíveis, uma vez que a democracia foi levada às extremas consequências da democracia de massa, ou melhor, dos partidos de massa, cujo produto é o Estado assistencial. Se foram pelos ares os limites nos quais a doutrina liberal imaginava devesse ser contido o Estado, é difícil negar que isto ocorreu por força da arrasadora corrente da participação popular impulsionada pelo sufrágio universal. Já se disse muitas vezes que a política keynesiana foi uma tentativa de salvar o capitalismo sem sair da democracia, contra as duas opostas soluções de abater o capitalismo sacrificando a democracia (a prática leninista) e de abater a democracia para salvar o capitalismo (o fascismo). Agora se diria que para os liberais da nova geração o problema é, ao contrário, o de salvar — se ainda for possível e em nome daquele tanto que ainda pode ser salvo — a democracia sem sair do capitalismo. Durante a crise dos anos 1930 parecia que era o capitalismo a pôr em crise a democracia; agora, para aqueles novos liberais, parece ser a democracia a pôr em crise o capitalismo.

Prefiro apresentar o problema nestes termos mais que em termos da relação entre Estado e mercado, conforme

---

10. Refiro-me de modo particular ao grupo de artigos sobre a crise do *welfare state* publicados em *Mondoperaio*, n° 4, 1981, com uma conclusão de G. Ruffolo, "Neo-liberismo e neo-socialismo", pp. 68-71.

um difundido modo de falar que acabou inclusive por ser escolhido como título de uma revista.* Prefiro não usar esta fórmula porque o termo "Estado" é genérico demais. Existem diversas formas de Estado. Na linguagem estereotipada de uma certa esquerda é usual falar de "forma Estado" (como de resto de "forma partido"), como se todas as formas de Estado fossem iguais (e fossem iguais todos os partidos). Expressões como "forma Estado" e "forma partido" servem apenas para obscurecer (não chego a dizer intencionalmente) o fato de que o poder político pode ser exercido de vários modos, entre os quais é preciso considerar um como melhor que outro, se não se quer chegar a um genérico e leviano anarquismo (o mesmo vale para a ação dos partidos). Pode se dizer ainda que o Estado, tal como o mercado, é uma forma de regulação social. Mas a regulação social própria do Estado democrático não é a mesma do Estado autocrático. Tanto é verdade que hoje o que está em discussão não é a relação genérica entre Estado e mercado, mas a relação específica entre mercado e Estado democrático, ainda uma vez entre mercado econômico e mercado político. A crise do Estado assistencial é o efeito também do contraste — que nem os liberais, nem os marxistas, nem os democratas puros tinham até agora levado na devida conta — entre o empreendedor econômico que tende à maximização do lucro e o empreendedor político que tende à maximização do poder através da caça aos votos. Que se pode iniciar um conflito entre os interesses

---

*Referência a *Starto e Mercato, revista de economia política*. [N. do T.]

perseguidos pelos dois personagens é o que revela hoje a disputa em torno da ingovernabilidade das democracias, isto é, dos regimes nos quais a arena em que se desenrola a luta política pode ser comparada ao mercado. E não existe nenhuma mão invisível acima dos dois capaz de harmonizá-los contra a sua vontade. No fundo, a exigência feita pelo neoliberalismo é a de reduzir a tensão entre os dois, cortando as unhas do segundo e deixando o primeiro com todas as garras afiadas. Em suma, para os neoliberais a democracia é ingovernável não só da parte dos governados, responsáveis pela sobrecarga das demandas, mas também da parte dos governantes, pois estes não podem deixar de satisfazer o maior número para fazerem prosperar sua empresa (o partido).

Pode-se descrever sinteticamente este despertar do liberalismo através da seguinte progressão (ou regressão) histórica: a ofensiva dos liberais voltou-se historicamente contra o socialismo, seu natural adversário na versão coletivista (que é, de resto, a mais autêntica); nestes últimos anos, voltou-se também contra o Estado do bem-estar, isto é, contra a versão atenuada (segundo uma parte da esquerda também falsificada) do socialismo; agora é atacada a democracia, pura e simplesmente. A insídia é grave. Não está em jogo apenas o Estado do bem-estar, quer dizer, o grande compromisso histórico entre o movimento operário e o capitalismo maduro, mas a própria democracia, quer dizer, o outro grande compromisso histórico precedente entre o tradicional privilégio da propriedade e o mundo do trabalho organizado, do qual nasce direta ou indiretamente a democracia moderna (através do sufrágio universal, da formação dos partidos de massa etc.)

Esta complexa problemática também pode ser apresentada nos seguintes termos: não se pode confundir a antítese Estado mínimo/Estado máximo, que é o mais frequente objeto de debate, com a antítese Estado forte/Estado fraco. Trata-se de duas antíteses diversas, que não se superpõem necessariamente. A acusação que o neoliberalismo faz ao Estado do bem-estar não é apenas a de ter violado o princípio do Estado mínimo, mas também a de ter dado vida a um Estado que não consegue mais cumprir a própria função, que é a de governar (o Estado fraco). O ideal do neoliberalismo torna-se então o do Estado simultaneamente mínimo e forte. De resto, que as duas antíteses não se superpõem é demonstrado pelo espetáculo de um Estado simultaneamente máximo e fraco que temos permanentemente sob os olhos.

Contrato e contratualismo
no debate atual

Quando Henry Summer Maine definiu a passagem das sociedades arcaicas às sociedades evoluídas como passagem da sociedade de *status* à sociedade de *contractus*, referia-se essencialmente à esfera do direito privado.[1] Eram os anos em que o crescimento da sociedade mercantil, definido por Spencer como passagem das sociedades militares às sociedades industriais, fazia prever uma expansão da sociedade civil em detrimento do Estado, da esfera das relações privadas entendidas como paritárias em detrimento da esfera das relações públicas com caráter não igualitário, ou de supremacia de uma parte sobre outra; previa-se, em suma, um enfraquecimento, se não um desaparecimento, do Estado, o ente historicamente caracterizado por um poder de comando exclusivo e irresistível.

---

1. No atual debate sobre o contratualismo e sobre o neocontratualismo não é possível deixar de evocar o célebre livro (mais célebre do que lido) de H. S. Maine, *The Ancient Law* (1861), que combina a tese da passagem da sociedade de *status* para a sociedade de contrato como dissolução das relações familiares e crescimento das relações entre indivíduos, com a crítica das teorias do contrato social, por ele consideradas não realistas. Pollock, em seu comentário, observa que a tese de Maine deve ser interpretada como limitada ao direito de propriedade, portanto ao direito privado [ver *The Ancient Law*, Beacon Press, Boston, 1963, p. 422].

O Estado não apenas não desapareceu como cresceu e se alargou a ponto de suscitar a imagem do polvo de mil tentáculos. Em compensação, porém, a figura do contrato (com o cortejo de todas as figuras afins que o precedem, o seguem e o substituem) começou a ser cada vez mais empregada pelos escritores políticos para compreender as relações reais que se desenvolvem em seu interior. Fala-se de intercâmbio político e de mercado político, em analogia com um fenômeno típico da relação privada que sempre foi colocada fora da esfera pública (e inclusive como antítese dela). Fala-se de voto de permuta em oposição ao tradicional voto de opinião, como se o voto fosse também ele uma mercadoria que se compra pagando (ou mais realisticamente, prometendo o "equivalente a um preço" — uso de propósito a expressão com a qual o art. 1.420 do Código Civil italiano define o contrato de compra e venda) — um preço cuja importância o homem político, não por acaso assemelhado por Schumpeter a um empresário, arranca dos recursos públicos de que pode dispor ou de que faz acreditar que disponha. De maneira mais geral, com respeito não tanto à relação pessoal ou personalizada entre classe política e cidadãos, entre governantes e governados, mas à relação entre os grandes grupos de interesse ou de poder que caracterizam uma sociedade pluralista e poliárquica como é a das democracias capitalistas, fala-se, com uma terminologia típica das relações de troca contrapostas às relações de dominação, de conflitos que se resolvem através de tratativas, transações, negociações, compromissos, convenções, acordos, e se concluem, ou se deseja que se concluam, num pacto social referendado pelas forças sociais (os sindicatos) ou num pacto político referendado pelas forças políticas (os partidos), ou até mesmo num pacto nacional referendado pela reforma constitucional. Na Itália, presume-se que exista uma *conventio ad excludendum*, um acordo (tácito, entenda-se) entre alguns partidos para excluir e não admitir outros partidos nas coalizões de governo. Enfim, de um ponto de vista não mais descritivo mas prescritivo, ou mais debilmente propositivo, com respeito inclusive a uma refundação do pacto político geral, fala-se de um novo contratualismo, exumando-se assim a velha ideia, caída em descrédito após a crise do jusnaturalismo graças às doutrinas historicistas e utilitaristas, segundo a qual a sociedade política é considerada em sua origem o produto de um acordo voluntário entre indivíduos, ao menos formalmente, iguais.

CRISE DO ESTADO SOBERANO

Naturalmente é preciso não misturar o joio ao trigo e levar em consideração as devidas distinções (como farei mais adiante). No entanto, não se pode deixar de enfatizar que toda esta terminologia usada tradicionalmente para representar a esfera dos interesses privados, abaixo do Estado, bem como a esfera das relações internacionais, para além do Estado, oferece uma figuração da esfera do direito público interno, colocado entre a esfera do direito privado e a esfera do direito internacional ou direito público externo, diversa da que dominou a teoria política e jurídica ao

O FUTURO DA DEMOCRACIA | 203

longo de toda a formação do Estado moderno. Falei de figuração porque a teoria do Estado moderno está toda centrada na figura da lei como principal fonte de padronização das relações de convivência contraposta à figura do contrato, cuja força normativa está subordinada à da lei, se explicita apenas nos limites de validade estabelecidos pela lei e, além do mais reaparece, sob a forma de direito pactual, nos casos em que a soberania do Estado singular se choca com a idêntica soberania dos demais Estados. Mesmo onde a origem do Estado remonta a um pacto originário, este *pactum subiectionis* ou *dominationis* (mas não é diferente o contrato social de Rousseau, também ele um pacto de sujeição, se não pela forma, ao menos pelo resultado) tem por objetivo a atribuição a uma pessoa, não importa se natural (o rei) ou artificial (uma assembleia), do direito de impor a própria vontade através daquele tipo de norma geral vinculatória de toda a coletividade que é precisamente a lei. Sejam os contraentes deste pacto o povo, de um lado, e o soberano, de outro (e neste caso se trata de um contrato bilateral), ou os próprios indivíduos que se acordam entre si para obedecer a um soberano (e neste caso se trata de um contrato plurilateral ou, melhor ainda, de um ato coletivo), a figura do contrato está na base de um sistema de convivência cuja fonte principal de direito, e portanto de regulamentação das relações sociais, não será mais, uma vez exaurida a função fundante do contrato originário, o contrato ou acordo entre equivalentes, mas a lei que instaura relações de subordinação. O poder que faz de um soberano um soberano, que faz o Estado — visto como unidade de domínio, e portanto como totalidade — surgir da sociedade composta de partes em mutáveis e efêmeras relações entre si, é o Poder Legislativo. A ideia da comunidade política, da pólis grega ao Estado moderno, está estreitamente ligada, em oposição ao estado de natureza, à ideia de uma totalidade que mantém unidas partes que de outra forma estariam em perpétuo conflito entre si. O que assegura a unidade do todo é a lei, e quem tem o poder de fazer as leis, de *condere leges*, é o soberano.

Trata-se porém de uma "figuração". A realidade da vida política é bem diferente. A vida política se desenvolve através de conflitos que jamais se resolvem em definitivo, e cuja resolução acontece mediante acordos momentâneos, tréguas e esses tratados de paz mais duradouros que são as constituições. Tal contraste entre a figuração e a realidade pode ser bem exemplificado pela não coincidência entre a ininterrupta continuidade do conflito secular, típico da idade moderna, que opõe estamentos e monarca, parlamentos e coroa, e a doutrina do Estado, baseada no conceito de soberania, de unidade de poder, de primado do poder legislativo, e que vai sendo elaborada naquele mesmo período de tempo por obra dos escritores políticos e de direito público, de Bodin a Rousseau, de Hobbes a Hegel. Mas a doutrina — que sempre tem não só um caráter explicativo mas também um caráter normativo e traça as linhas do que deveria ser, ao passo que gosta de se apresentar como compreensão e explicação do que acontece, às vezes superpondo-se à realidade, forçando-a, adaptando-a, simplificando-a para reduzi-la a um sistema composto, unitário e coerente, impulsionada que está nem sempre apenas pela paixão intelectual mas também pela ambição de projetar — pode contribuir para retardar a tomada de consciência das transformações em curso ou para delas fornecer interpretações distorcidas. Uma das características da doutrina do Estado que terminou por prevalecer é o primado do direito público e, consequentemente, a declarada impossibilidade de compreender as relações de direito público através do recurso às tradicionais categorias do direito privado. Deste ponto de vista, é exemplar a posição de Hegel, segundo a qual as principais categorias do direito privado, a propriedade e o contrato, são insuficientes para tornar compreensível a realidade do direito público que preside à organização da totalidade, na medida em que o direito privado se ocupa da resolução de conflitos entre partes independentes que assim permanecem não obstante os vínculos jurídicos, ao menos formalmente iguais. Não servem para fornecer uma justificação convincente da majestade do Estado, que tem sobre os cidadãos o direito de vida e de morte e do qual os cidadãos não podem sair como saem de qualquer outra sociedade (inclusive da família, quando se tornam maiores de idade); e também não servem para colocar sobre bases sólidas a filosofia política, que deve se haver não com o "sistema da atomística", mas com um corpo orgânico, no qual cada parte está em função de todas as outras e todas juntas em função do todo.[2]

---

2. Ocupei-me mais longamente deste tema no artigo "Diritto privato e diritto pubblico in Hegel", agora em *Studi hegeliani*, Einaudi, Turim, 1981, pp. 85-114.

Segundo esta concepção das relações entre direito privado e direito público, uma sociedade como a medieval, na qual as relações políticas são todas subsumíveis na disciplina do direito privado, representa uma época de decadência. Assim, o império alemão não é mais, para Hegel, um Estado, pois as relações entre os príncipes e o império e dos príncipes entre si, que deveriam ser reguladas pelo direito público, são ao contrário tratadas como relações de direito privado (relações familiares e patrimoniais).

O "PARTICULARISMO" COMO CATEGORIA HISTÓRICA

Não foi por acaso que me referi à Idade Média. Quando se começou a perceber, sobretudo após a Primeira Guerra Mundial, o contraste entre o propagado modelo do Estado como poder concentrado, unitário e orgânico, e a realidade de uma sociedade dilacerada, dividida em grupos antagônicos que tendem a se oprimir e estabelecem entre si tréguas mas não pazes duradouras, começou-se a falar de retorno à Idade Média. Isto ao menos da parte de uma publicística de orientação conservadora, cuja doutrina do Estado dominante não estava mais em condições de oferecer instrumentos idôneos para compreender que a aparente fase degenerativa do processo de formação do Estado moderno era na realidade somente a condição normal, ou destinada a se tornar normal, das modernas democracias, para as quais as únicas alternativas seriam, como de fato foram e ainda são, os regimes autoritários e totalitá-

O FUTURO DA DEMOCRACIA | 207

rios. Mas exatamente para compreender que se tratava de uma condição destinada a durar, era preciso não se deixar sujeitar pela doutrina dominante, que tinha contraposto rigidamente o direito público ao privado, havia olhado com suspeita o pluralismo sempre ressurgente e visto, na fase de crescimento de uma sociedade em que o aumento dos cidadãos ativos através do sufrágio universal, a formação de sindicatos cada vez mais poderosos e o surgimento de partidos de massa tinham aumentado as razões de conflito e a sua extensão, uma fase de regressão com respeito à marcha triunfal rumo ao Estado como pessoa coletiva, unitária e unificadora. Esta postura de preocupada atenção para com as tendências pluralistas acabou por dar vida, em autores bastante diferentes como Pareto ou Carl Schmitt, a uma intensa polêmica antidemocrática.

Esta mesma tentação não perdeu as forças até hoje: um dos traços salientes da publicística política, proveniente seja de que parte for do alinhamento constitucional, é a lamentação a respeito do prevalecimento dos interesses individuais de grupo sobre os interesses gerais e a denúncia do "particularismo" (a categoria do "particularismo" atravessa toda a história do pensamento político com sinal negativo, sob as duas formas concretas da "facção" e da "corporação"); é a proclamação da superioridade do interesse coletivo ou nacional, que no entanto ninguém está em condições de definir com precisão a não ser quando se vê no interesse nacional o interesse da própria parte; é, enfim, a constatação de que, prevalecendo os interesses particulares sobre os gerais, o "privado" sobre o "público", não existe mais o Estado — entendido exatamente conforme a doutrina consolidada, como a unidade do todo —, mas apenas um conjunto de partes amontoadas uma ao lado da outra (a metáfora do monte de pedras para representar a antítese de uma unidade orgânica é de Hegel). Observando-se bem, o panorama que temos todos os dias sob os olhos é tão acidentado e tão pouco resolvível nos esquemas do direito público interno — herdados pela doutrina do Estado dos últimos séculos, de Bodin a Weber e a Kelsen — que acaba por justificar esta postura que se coloca entre a *laudatio temporis acti** (de um tempo que na realidade jamais existiu) e o desejo de uma restauração (talvez impossível se não ao preço de jogar fora, juntamente com a água suja do particularismo, também a criança da democracia, uma criança que ainda deve crescer e que está destinada ou a crescer com o pluralismo ou a morrer). Um conhecido estudioso francês, após ter descrito desta nossa sociedade dividida, fragmentada, desarticulada, incapaz de reencontrar a unidade perdida (exatamente ao contrário da "sociedade bloqueada" de que falam alguns outros, sinal de que as nossas sociedades sempre mais complexas são de fato um objeto misterioso), deu a ela inclusive um nome, *"mérécratie"*, que quer dizer "cracia" das partes (uma das tantas "cracias" com sinal negativo de que é riquíssima a linguagem política).[3] De resto, o que é o termo

---

* Referências à *Laudator Temporis acti*, frase da *Arte poética*, de Horácio: elogiar o tempo passado. [*N. do T.*]

3. R. Polin, *La liberté de notre temps*, Vrin, Paris, 1977, pp. 216 ss.

italiano "partidocracia" — criado nos anos da primeira denuncia da prevaricação partidária por obra de Giuseppe Maranini — se não um equivalente, menos douto mas polemicamente mais incisivo, de "mericracia"? O que significa "partidocracia" se não uma indébita superposição das partes ao todo, se não a forma contemporânea do eterno particularismo?

Mas as lamentações não são ainda uma análise e menos ainda um diagnóstico. Uma coisa é a constituição formal, outra a constituição real, ou material, como dizem os juristas, e é com esta segunda que se deve ajustar as contas. O direito, afirma o célebre dito de um grande jurista americano, é feito pelos juízes. Parafraseando-o, pode-se dizer que as constituições são feitas pelas forças políticas: estas as fazem quando as emanam e as fazem e refazem livremente quando as aplicam (muito mais livremente do que podem fazer os juízes com as leis). Numa sociedade democrática, as forças políticas são os partidos organizados: organizados acima de tudo para perseguir os votos, para procurar obter o maior número possível deles. São os partidos que pedem e obtêm o consenso. Deles depende a maior ou menor legitimação do sistema político como um todo. O art. 49 da constituição italiana, ao qual já foi dedicada bastante atenção, limita-se a dizer que os partidos são lícitos: um artigo perfeitamente inútil, pois não obstante os rios de tinta que com ele foram gastos, os partidos continuaram a ser bem mais que lícitos. São necessários: e aqui está a sua força.

O GRANDE MERCADO

Onde os partidos são mais de um, o que é *conditio sine qua non* da democracia, e principalmente onde são muitos, como na Itália, a lógica que preside às suas relações é a lógica privatista do acordo, não a lógica pública do domínio. Desta lógica do acordo não há nenhum traço na constituição: a constituição se ocupa do modo de formar as leis, mas da formação dos acordos (contratos bilaterais ou plurilaterais) se ocupa o código civil. Todavia, se não se leva em conta a sutilíssima rede de acordos da qual nascem as exclusões e as coalizões, não se entende nada do modo como se move, se desloca e se transforma lentamente uma constituição. Na carta constitucional italiana, a formação do governo (arts. 92 e seguintes) é o resultado de uma série de atos unilaterais, que são os atos típicos da relação de domínio: o presidente da república nomeia o presidente do conselho de ministros; este escolhe os ministros e propõe a nomeação deles ao presidente da república; o governo assume o cargo quando as duas câmaras lhe concedem a confiança, cai quando a revogam. Esta sequência de atos unilaterais e imperativos esconde a realidade que os inspira, uma realidade de tratativas, negociações, acordos fatigosamente obtidos e cuja força depende, como ocorre em todos os acordos, do respeito ao princípio de reciprocidade, do *do ut des*. Um governo pode cair porque um secretário de partido retira os seus ministros da coalizão: um ato que, se fosse avaliado com base nas normas constitucionais reguladoras da vida de um governo, seria uma aberração. Apenas não é uma aberração se for avaliado do ponto de vista das normas escritas ou não escritas, formais ou informais, que regulam todo e qualquer acordo: um acordo está sujeito a rescisão quando uma das partes deixa de cumprir as obrigações contratadas. Uma das partes havia se comprometido ou não a aprovar uma certa medida? Não a aprovou ou agiu de modo a que não fosse aprovada: o acordo foi rompido e é perfeitamente lícita a sua rescisão por iniciativa de uma das partes. Pode-se denunciar o fato com a veemência que se quiser: o observador que busca compreender deverá limitar-se a constatar que um princípio fundamental do direito público democrático — segundo o qual um governo permanece no cargo enquanto não for derrubado por uma decisão tomada por maioria — cedeu diante de um princípio não menos fundamental do direito privado, segundo o qual os pactos devem ser observados. Quando estoura a crise, costuma-se invocar para a formação do governo o famigerado art. 92, segundo parágrafo, com base no qual a escolha dos ministros a serem propostos ao presidente da república deve ser feita pelo presidente do conselho designado: uma norma que jamais pôde ser aplicada porque a distribuição dos vários ministérios entre os partidos e no interior de um mesmo partido, e inclusive os nomes de cada um dos ministros, é estabelecida através de acordos entre os partidos, os quais, mais uma vez, mostram ser mais fortes do que a própria constituição. Nas relações hierárquicas entre as várias fontes do direito, é princípio fundamental que os contratos não podem derrogar o que está estabelecido por lei (mas se trata de contratos de direito privado). Aqui acontece o contrário: o poder do presidente do conselho previsto pela constituição se exerce nos limites impostos pelos acordos entre os partidos, tanto que alguém já pôde chamar o *Manual Cencelli* de *Grundnorm* do ordenamento italiano.

É verdade que, diferentemente dos acordos privados e mesmo dos acordos internacionais, os acordos políticos são acordos informais, no sentido de que não são regulados por lei. Mas quem tivesse a paciência de recolher dados empíricos sobre o modo como são feitos os acordos políticos num país como a Itália, que se sustenta até hoje sobre um pacto geral de exclusão de alguns partidos das coalizões de governo e sobre um número enorme de pactos de aliança a dois, três, quatro, a *n* partidos, poderia talvez escrever um manual de direito constitucional contratual (ao lado do direito privado contratual, do direito internacional contratual) que, até onde tenho conhecimento, não foi até agora tentado por ninguém. Perceberíamos, entre outras coisas, que muitas das normas codificadas do direito dos contratos (ou dos tratados) valem também para o estabelecimento, a modificação e a extinção dos acordos políticos — desde as normas referentes à causa ou às condições até as normas gerais (estava para dizer de direito natural) que estabelecem que os acordos devem ser executados de boa-fé ou até aquelas sobre os vícios do consentimento e sobre as várias causas de dissolução da relação contratual.

O caso mais interessante de contraste entre constituição formal e constituição real do ponto de vista da revanche do particularismo sobre o princípio da unidade orgânica é o da prática inoperante da proibição de mandato imperativo (artigo 67), que foi sempre considerada um dos eixos do Estado representativo, a partir das revoluções americana e francesa.[4] A ideia de que o representante, uma vez eleito e enquanto eleito membro do órgão soberano do Estado representativo, o parlamento, deva exercer o seu mandato livremente, não vinculado às solicitações de seus eleitores (que apenas podem ser solicitações feitas para satisfazer interesses ou ou individuais ou corporativos), é uma das expressões mais características da polêmica dos escritores políticos e de direito público em defesa da unidade do poder estatal — da qual é garantidor o soberano, seja ele o príncipe ou o povo — contra o particularismo dos estamentos. Como já foi várias vezes observado, a passagem da representação vinculada, pela qual o representante se limita a transmitir as solicitações feitas por seus representados, à representação livre, pela qual o representante, uma vez eleito, se destaca de seus eleitores que são apenas uma parte do todo e avalia livremente quais interesses devem ser tutelados — com base na presunção de que os eleitores, *uti singuli*, lhe deram mandato para prover ao interesse coletivo e no pressuposto de que o interesse individual deve ser subordinado ao interesse coletivo —, pode ser interpretada como passagem de uma concepção privatista do mandato, segundo a qual o mandatário age em nome e por conta do mandante e se não age nos limites do mandato pode ser dele destituído, a uma concepção publi-

---

4. Sobre a história da proibição do mandato imperativo, diversas notícias e comentários (de que me servi exaustivamente) podem ser encontrados no recente livro de P. Violante, *Lo spazio delia rappresentanza*, I: *Francia 1788-89*, Palermo: Mozzone, 1981, pp. 29 ss. (com a nota à p. 95), 131 ss. e 146 ss.

cista segundo a qual a relação entre eleitor e eleito não pode mais ser figurada como uma relação contratual, pois um e outro estão investidos de uma função pública e relação entre eles é uma típica relação de investidura, na qual o investido recebe um poder público e deve portanto exercer este poder em favor do interesse público.

Hoje, porém, quem considerar realisticamente como se tomam as decisões num parlamento — onde os deputados são mantidos sob a disciplina de partido e quando dela se afastam o fazem nem sempre para defender interesses nacionais contra interesses de parte, mas porque obedecem a grupos de pressão que num certo sentido representam interesses ainda mais particulares do que os dos partidos —, terá de admitir que uma locução como a do art. 67 da constituição italiana ("Todo membro do parlamento representa a Nação") soa falsa, se não mesmo ridícula. Cada membro do parlamento representa antes de tudo o próprio partido, assim como, num Estado de estamentos, o delegado representava antes de tudo os interesses do próprio estamento. Com isto não quero realmente propor um anacrônico confronto entre o Estado de estamentos e o Estado de partidos, mas apenas enfatizar ainda uma vez o quanto é difícil ver realizado na prática o ideal da unidade estatal acima das partes, mesmo quando os sujeitos políticos não são mais os grupos, os estamentos, as ordens que defendem interesses particulares, mas os indivíduos de um Estado democrático investidos de uma função pública. A dificuldade nasce do fato de que as sociedades parciais — que Rousseau queria coerentemente banir da sua república exatamente porque fariam valer interesses de parte — não só não desapareceram com o advento da democracia, mas aumentaram enormemente seja como efeito do próprio desenvolvimento da democracia (do qual nasceram os grandes partidos de massa), seja em consequência da formação de grandes organizações para a defesa de interesses econômicos das sociedades industriais, caracterizadas por fortes concentrações de poder econômico. Entre estes potentados quase soberanos, desenvolvem-se contínuas negociações que constituem a verdadeira trama das relações de poder na sociedade contemporânea, na qual o governo, o "soberano" no sentido tradicional da palavra, cujo posto deveria ser *super partes*, figura como um potentado entre outros, e nem sempre é o mais forte.

O PEQUENO MERCADO

Ao passo que entre partidos se desenvolve o grande mercado, entre partidos e cidadãos eleitores se desenvolve o pequeno mercado, aquele que hoje se costuma chamar de "mercado político" por excelência, através do qual os cidadãos eleitores investidos, enquanto eleitores, de uma função pública, tornam-se *clientes*, e mais uma vez uma relação de natureza pública se transforma numa relação de natureza privada. Trata-se de uma forma de privatização do público que depende da anterior, isto é, da capacidade dos partidos de controlar seus deputados e de deles obter o cumprimento das promessas feitas aos eleitores. Depende disto, na medida em que a transformação do eleitor em cliente apenas é possível mediante a transformação do mandato livre em mandato vinculado. Os dois fenômenos estão estreitamente ligados e são ambos expressão daquela dissolução da unidade orgânica do Estado que constituiu o núcleo essencial da teoria e da ideologia (mais ideologia que teoria) do Estado moderno, e ao mesmo tempo também uma forma de corrupção do princípio individualista do qual nasceu a democracia moderna, cuja regra do jogo é a regra da maioria, fundada no princípio de que cada cabeça é um voto.

Não há dúvida de que a democracia moderna nasceu da concepção individualista, atomista, da sociedade (de onde nasceu o individualismo é um outro problema mais difícil de resolver, pois são muitos os aspirantes ao papel de fundadores). Não há também dúvida de que a democracia representativa nasceu do pressuposto (equivocado) de que os indivíduos, uma vez investidos da função pública de escolher os seus representantes, escolheriam os "melhores". Existe um trecho numa carta dos *Federalist Papers*, escrita por Madison, que toda vez que leio aos meus alunos provoca grande hilariedade: é o trecho no qual se diz que uma das vantagens da democracia representativa consiste na eleição de um "corpo de cidadãos, cuja *provada sabedoria* pode melhor discernir o interesse coletivo do próprio país e cuja *sede de justiça* tornaria menos provável que se sacrificasse o bem do país a considerações particularíssimas e transitórias".[5] O pressuposto é equivocado, pois não se

---

5. *Il federalista*, Il Mulino, Bolonha, 1980, p. 96. [Trad. bras. Brasília: Editora Universidade de Brasília, 1985.]

consegue entender como se poderia ter ilusões (mesmo que se trate de ilusões terrivelmente resistentes) sobre o fato de que o cidadão chamado a escolher seu representante político não escolheria a pessoa ou o grupo que lhe desse as maiores garantias de satisfazer seus interesses. A velha definição do pertencer a um partido como *idem sentire de re publica** fazia com que se acreditasse falsamente que quem vota por um partido o faz por estar convencido da justeza das ideias que ele exprime, dando um voto, como hoje se diria, de opinião. Na sociedade de massa o voto de opinião está se tornando sempre mais raro: ousaria dizer que a única verdadeira opinião é a dos que não votam porque compreenderam ou creem ter compreendido que as eleições são um rito do qual é possível subtrair-se sem graves danos, e como todos os ritos, por exemplo a missa aos domingos, são no fim das contas uma chateação. Opinião discutível, condenável, detestável, mas opinião. Está aumentando ao contrário o voto de permuta, à medida que os eleitores se tornam mais maliciosos e os partidos mais hábeis. De outra forma, não se explicaria a transformação ou a degradação — que vemos acontecer sob nossos olhos, num sistema multipartidário como o italiano — de alguns pequenos partidos, como o social-democrata, em grupos de pressão (dos aposentados, por exemplo) e dos grandes partidos compósitos, como a democracia cristã, num conjunto de diversos grupos de pressão. Na permuta de recursos públicos por consentimento, que é a peculiaridade do

---

* Expressão latina: ter o mesmo conceito de Estado, de República.

contrato político, o interesse do eleitor se encontra com o interesse do partido. A força de um partido é medida pelo número de votos. Quanto maior for o número de votos no pequeno mercado que se organiza entre o partido e os eleitores, maior será a força contratual do partido no grande mercado que se organiza a partir das relações dos partidos entre si, mesmo se no grande mercado conte não apenas o número dos votos que um partido pode colocar na balança mas também a sua posição no sistema de alianças, de tal modo que um pequeno partido, quando é determinante para a formação de uma maioria, passa a ter um peso específico maior, e ainda maior quando este partido — como ocorre, por exemplo, com o PSI na Itália — é determinante para a formação de alianças à direita em nível nacional e de alianças à esquerda em nível regional.

Mercado político e democracia

Agrade ou não, o mercado político, no sentido preciso de relação generalizada de troca entre governantes e governados, é uma característica da democracia — certamente, não da democracia imaginária de Rousseau e de todos os que creem que o aumento da participação seja por si só a panaceia para todos os nossos males (uma participação de controladores, não uma participação de controladores controlados), mas da democracia real que se nutre desta contínua troca entre produtores e consumidores de consentimento (ou, inversamente, entre consumidores e produtores de poder). Ter poder significa, em poucas palavras, ter a capacidade de premiar ou punir, isto é, de obter comportamentos desejados, ou prometendo, e estando em condições de dar, recompensas, ou ameaçando, e estando em condições de infligir, punições. Nas sociedades tradicionais, nas quais a maior parte das pessoas submetidas não conta nada e não intervém no processo de legitimação, basta o exercício do poder punitivo para manter sob controle a massa ignorante, pobre, sem direitos civis e menos ainda políticos. Na democracia não: na democracia, a massa dos cidadãos não apenas intervém ativamente no processo de legitimação do sistema em seu conjunto, usando o próprio direito de voto para apoiar os partidos constitucionais, e também não o usando, pois neste caso vale a máxima de que quem cala consente (ninguém até agora considerou os fenômenos de apatia política como uma séria ameaça aos regimes democráticos), mas — e isto é o mais importante — intervém na repartição do poder de governar entre as várias forças políticas em campo, distribuindo diversificadamente os votos de que dispõe. É natural que num sistema democrático o poder não possa — tal como o burrico da fábula — ser conservado apenas à base do bastão; faz-se necessária também a cenoura (aliás, um gênero para o mercado). Deixando de lado as metáforas, o consentimento através do voto é uma prestação positiva: uma prestação positiva solicita geralmente uma contraprestação. Prestação e contraprestação são os elementos dos contratos bilaterais. Num Estado democrático o mercado político é feito de tantos acordos bilaterais quantos são os eleitores. Nestes acordos, a prestação por parte dos eleitores é o voto, a contraprestação por parte do eleito é uma vantagem (sob a forma de um bem ou de um serviço) ou a isenção de uma desvantagem.

Os juristas distinguem os contratos bilaterais dos contratos plurilaterais. Os acordos do mercado político assemelham-se mais aos primeiros, os acordos do grande mercado aos segundos. Nos primeiros, as duas partes têm, cada uma delas, uma própria figura distinta (à qual corresponde um nome específico): comprador-vendedor, locador-locatário, depositante-depositário, mutuante-mutuário e, com respeito à troca política, representante-representado; nos segundos, todas as partes têm uma figura comum, a de sócio. Nos primeiros, as duas partes têm objetivos diversos mas um interesse comum, que é o de alcançar a troca; nos segundos, as várias partes têm interesses diversos mas um objetivo comum, que é aquele pelo qual se constitui a sociedade. Enquanto no acordo constitutivo da troca política as respectivas prestações são bastante claras (proteção em troca de consentimento), no acordo de grande mercado, do qual nascem as coalizões de governo (mais raras são as coalizões de oposição), o objetivo comum, que é genericamente o de formar um governo e governar, é tão variado e complexo que parece difícil e talvez inútil procurar determiná-lo. No máximo podem-se distinguir os acordos de governo verdadeiros (tomar medidas relativas a um determinado grupo de questões econômicas, sociais ou de ordem pública, que constituem o programa do governo) dos acordos de subgoverno que dizem respeito à equânime distribuição de cargos e encargos. Exatamente por causa da variedade e vastidão dos temas sobre os quais versa o acordo, este é submetido a frequentes revisões, a atos de rescisão unilateral, a decomposições e recomposições, à dissolução recíproca, especialmente quando, como ocorre no sistema político italiano, os sócios são muitos e um tanto litigiosos. Além disso, pela estreita conexão mais acima apontada entre a relação dos grupos uns com os outros e as relações que cada grupo mantém com os próprios clientes, cada um dos *partners* não pode deixar de vigiar continuamente os humores da clientela, de cujo maior ou menor apoio depende, como já se disse, a própria força contratual. A validade de um pacto não regulado por normas derivadas de uma autoridade superior às partes está subordinada à cláusula *rebus sic stantibus**. No entanto, entre os motivos [*res*] mutáveis que podem induzir uma das partes a desistir do acordo estão as advertências que veem de baixo.

A diferença entre a relação que se instaura entre eleitos e eleitores e a relação que se instaura entre um e outro grupo político revela-se também nas duas distintas capacidades que o bom político deve ter: na conduta da primeira, bem mais a do empresário; na da segunda, bem mais a do negociador. Os dotes do bom empresário são necessários ao secretário-geral do partido, os do negociador ao presidente do conselho de ministros.

---

* Rebus sic stantibus: regra fundamenta o princípio de revisão dos contratos e regula a sua alteração. Um contrato deve ser cumprido "enquanto as coisas estiverem assim". [*N. do T.*]

Renascimento do contratualismo

Temos ainda de analisar o terceiro aspecto que hoje assume a perspectiva contratual nas reflexões sobre o caráter e as vicissitudes do Estado contemporâneo: aquele ligado às teorias do contrato social, ao assim chamado "contratualismo". Há inegavelmente um renovado interesse pelas doutrinas contratualistas do passado, tanto que não parece impróprio falar de "neocontratualismo". Este interesse se deve em parte ao sucesso do livro de Rawls sobre a justiça, que parte exatamente da "teoria familiar do contrato social em Locke, Rousseau e Kant" para apresentar a sua teoria da justiça.[6] Na realidade, a teoria da justiça de Rawls, ainda que fundada em bases contratualistas (de um contrato original entre pessoas racionais), tem bem pouco a ver com as teorias do contrato social, cuja intenção era de justificar racionalmente a existência do Estado, de encontrar um fundamento racional para o poder político, para o máximo poder do homem sobre o homem e não a de propor um modelo de sociedade justa. O problema fundamental dos jusnaturalistas — entre os quais podemos incluir, além dos nomes mencionados por Rawls, os de Hobbes, Spinoza, Pufendorf e tantos outros — jamais foi o da justiça, mas o do poder, e de modo particular daquele poder que não tem acima de si nenhum outro poder, ou seja, do poder soberano. Com respeito a este poder de vida e de mor-

---

6. J. Rawls, *A Theory of Justice*, Oxford University Press, 1972, p. 11. [Trad. bras. Brasília: Editora Universidade de Brasília, 1984.]

O futuro da democracia | 223

te, fundado em última instância no uso exclusivo da força, a pergunta principal que os filósofos políticos sempre se puseram foi a de saber qual é a justificação deste poder. O contratualismo nada mais é que uma das possíveis respostas a esta pergunta: o problema que ele se pôs é o problema da legitimidade do poder, não o da justiça.

A razão mais profunda do renovado interesse pelo contratualismo está no fato de que a ideia de um contrato originário de fundação da sociedade global, distinta das sociedades parciais que eventualmente a componham, satisfaz a exigência de um início, ou melhor de um reinício, numa época de grave perturbação da sociedade existente. Vem a propósito a exortação de Sieyès, dirigida ao terceiro estado, para que este se declarasse Assembleia Nacional e passasse a agir como se estivesse saindo do estado de natureza e fosse chamado a formar o Contrato Social.[7]

Ao contrário disso, uma das razões do eclipse das teorias contratualistas, entre o fim do século XVIII e o fim do século XIX, derivou da ideia de que o Estado fosse uma coisa elevada demais para poder ser explicado como o produto artificial de um acordo entre indivíduos. É sabido o quanto deve a este argumento o anticontratualismo de Hegel. Mas não é menos significativa esta passagem de Burke (um escritor político, não por acaso, anti-iluminista, realista, tradicionalista, considerado um dos pais do historicismo moderno): "Quando se trata o estado com o mesmo

---

7. A citação deste trecho, que pode ser lido em J. L. Talmon. *Le origini della democrazia totalitaria*, Bolonha: Il Mulino, 1967, p. 103, foi-me sugerida pela leitura do livro de P. Violante antes mencionado.

capricho que distingue os pequenos interesses passageiros, quando se o dissolve a bel-prazer das partes, então é porque se o considera realmente no mesmo pé de igualdade que qualquer contrato concernente à troca de pimenta, de café, de musselina ou de tabaco. É preciso olhar o Estado com mais reverência".[8]

Também contribuíram para dar o golpe de graça nas teorias contratualistas, além dos argumentos filosóficos e históricos (o contrato originário jamais existiu, é uma "quimera"), interpretações históricas bastante discutíveis: o apelo à Idade Média, época na qual as relações políticas eram relações de tipo contratual, e a conhecida crítica marxiana segundo a qual o contrato social de Rousseau, que põe em contato mediante um pacto sujeitos por natureza independentes, é uma antecipação da sociedade burguesa que se preparava desde o século XVI.[9] O apelo à Idade Média é incorreto: quando se diz, por exemplo, para citar um texto autorizado, que as obrigações de reciprocidade entre rei e bispos, entre rei e poderosos [*primores*] do reino, são equiparáveis a um *pactum*,[10] esta interpretação contratualista das relações de poder nada tem a ver com o problema do contrato social originário, que não se pode representar como um contra-

---

8. E. Burke, *Riflessioni sulla rivoluzione francese*, in *Scritti politici*, organização de A. Martelloni, Utet, Turim, 1953, p. 268. [Trad. bras. *Reflexões sobre a Revolução em França*, Brasília: Editora Universidade de Brasília, 1984.]

9. Trata-se das palavras iniciais da célebre introdução de 1857 à *Crítica da economia política*.

10. Assim em R. W. e A. J. Carlyle, *Il pensiero politico medioevale*, Bari: Laterza, 1956, p. 268.

to bilateral por ser um ato coletivo e que apenas impropriamente se pode chamar de "contrato". Quanto à interpretação marxiana, ela é uma indébita generalização de uma observação histórica justa: se o contratualismo nasce com o crescimento do mundo burguês (mas quanta indeterminação nesta abusadíssima expressão!), a concepção individualista da sociedade, que está na base da democracia moderna, não é mais burguesa que proletária, ao contrário, é mais proletária que burguesa, já que, enquanto a burguesia governante iria se manter aferrada a um sufrágio limitado apenas aos proprietários, a extensão do sufrágio inclusive aos que nada têm apenas ocorreu com o impulso vindo de baixo propiciado pelo movimento operário. E o sufrágio universal é a condição necessária, se não suficiente, para a existência e o funcionamento regular de um regime democrático, na medida em que é o resultado do princípio fundamental da democracia, segundo o qual a fonte de poder são os indivíduos *uti singuli* e cada indivíduo vale por um (o que, entre outras coisas, justifica a aplicação da regra de maioria para a tomada das decisões coletivas). Considerar o Estado como fundado em um contrato social, isto é, em um acordo de todos os que estão destinados a ser nele sujeitos, significa defender a causa do poder ascendente contraposto ao poder descendente, sustentar que o poder sobe de baixo para cima e não desce de cima para baixo, em suma, fundar a democracia contra a autocracia. Esta figura do contrato social não pode ser confundida com as relações de poder na sociedade medieval mesmo quando definidas como relações contratuais: estas são de fato relações bilaterais, fundadas em uma relação de reciprocidade, e nada têm a ver com a ideia do poder ascendente que se exprime através do contrato social. Assim, quando o tema do contrato vem associado ao tema da sociedade mercantil burguesa, o contrato ao qual se faz referência (exatamente aquele a que se refere Marx em algumas passagens famosas) é outra vez uma das formas típicas de acordo recíproco entre duas partes formalmente iguais, como o que se instaura entre o comprador e o vendedor da força de trabalho — um tipo de acordo que, também ele, nada tem a ver com aquele acordo multilateral ou ato coletivo que é o contrato social.

Exatamente porque a teoria do contrato social se apoia sobre argumentos racionais e está ligada ao nascimento da democracia (mesmo se nem todas as teorias contratualistas são democráticas), seu eclipse jamais chegou a ser total. Existiram teorias contratualistas também no século passado, e em cada caso os defensores do contrato social o sustentaram fazendo apelo ao argumento do indivíduo como última fonte do poder de comandar aos próprios indivíduos, contra as tradicionais concepções solidaristas, orgânicas, coletivistas, holísticas, universalistas, da sociedade e do Estado. Em um livro escrito no final do século passado, que jamais vi citado nos debates destes últimos anos, *Contratualismo e sociologia contemporânea*, o autor, Salvatore Fragapane (um filósofo do direito morto muito jovem), desenvolve uma análise crítica do contratualismo que havia sobrevivido, juntamente com o individualismo a ele conectado, ao impetuoso avanço da sociologia, a partir de Comte, que tinha considerado o ponto de partida individualista como uma abstração metafísica, repugnante à ciência positiva; com base nisto, fala da crescente "contratualização" das relações individuais, já destacada por Maine e por Spencer, e a confirma com a justa observação (justa e atualíssima, e talvez mais atual que nunca) de que "o industrialismo, com a necessidade das grandes forças capitalistas, que apenas podem resultar de poderosas associações, e a divisão do trabalho, com o seu contínuo fracionamento e com a consequente especificação das trocas, determinam o uso das formas contratuais não só nas relações comerciais e civis, *mas também nas funções políticas*".[11] Porém, ao mesmo tempo, observa corretamente a diferença entre este fenômeno de contratualização das relações sociais e políticas, que não pode deixar de ser considerado pela ciência social positiva, e a tradicional teoria do contrato originário, porque esta não é "a expressão de um livre arbítrio colocado no vazio nas origens do fenômeno social [...] mas, ao contrário, é uma fase superior necessária do devenir social; não é o fato arbitrário do indivíduo, mas a vontade, manifesta como lei própria de um estágio evolutivo da sociedade".[12]

O que não fica claro nesta distinção entre contrato originário "metafísico" e fenômeno de contratualização da sociedade é que o segundo é o objeto de uma análise histó-

---

11. S. Fragapane, *Contrattualismo e sociologia contemporanea*, Bolonha, Zanichelli, 1892, p. 101.
12. *Ibid.*, p. 99.

rica e o primeiro um modelo regulador, que não é nem confirmado nem confutado pelo segundo pois se põe sobre um plano completamente diverso. No entanto, quando hoje se fala de neocontratualismo com referência às teorias do contrato social, deve ficar bem claro, como havia com perspicácia observado o autor antes citado, que uma coisa é o problema de uma refundação da sociedade à base do modelo contratualista, outra coisa o tema do estilhaçamento do poder central em tantos poderes difusos e geralmente antagônicos, com o consequente nascimento dos assim chamados governos parciais e das relações naturalmente de tipo contratual entre uns e outros. Aliás, fico inclusive tentado a dizer que o primeiro nasce da exigência de encontrar uma solução para o segundo.

A NOVA ALIANÇA

Explico-me. A característica do acordo fundado em uma relação de tipo contratual, entre duas partes que se consideram reciprocamente independentes, é a de ser ele um acordo lábil por sua própria natureza, a ponto de tornar extremamente instável o ordenamento geral da sociedade em seu conjunto. Sirva como prova a condição da sociedade internacional. Os contratos de direito privado prosperam, favorecendo o desenvolvimento social, à sombra da força coativa do Estado que assegura o seu cumprimento num organismo social em que existe e resiste — não obstante a corporativização da sociedade e a multiplicação de grupos economicamente cada vez mais poderosos — o monopólio da força por parte do poder político. O mesmo não acontece na sociedade internacional, na qual ainda vigora o regime de livre concorrência, embora hoje muito enfraquecida. E vale sempre menos nas relações dos grandes potentados no interior do Estado, diante dos quais o Estado conserva formalmente o monopólio da força mas não o pode exercer eficazmente e de fato evita exercê-lo, como é demonstrado pela timidez com que o governo intervém para restabelecer o funcionamento regular de um serviço público em caso de uma greve ilegal ou manifestamente contrária ao interesse coletivo do qual ele mesmo deveria ser o representante e o garante. (Houve mesmo o caso em que, diante da intervenção de um juiz, órgão tradicional e essencial do poder coativo do Estado, as duas partes contraentes lavraram o mais indignado protesto!) A impotência do Estado diante das controvérsias entre os poderosos grupos de interesse que se instalaram em seu interior faz pensar na impotência da ONU diante da controvérsia entre Estados, mesmo que já considere que o Estado possui formalmente o monopólio da força legítima e a organização internacional não. Mas o que conta a legitimidade sem efetividade? Certamente sempre haverá uma grande diferença entre o ter o monopólio da força e não poder exercê-lo, de um lado, e o não tê-lo realmente, de outro. Mas é surpreendente, quase paradoxal, que, enquanto se invoca um reforço do poder público por sobre os Estados, assiste-se a um crescente enfraquecimento do poder público no interior de cada um deles, salvo naqueles em que o poder militar ganhou a dianteira sobre o poder político.

O neocontratualismo, isto é, a proposta de um novo pacto social, global e não parcial, de pacificação geral e de fundação de um novo ordenamento social, uma verdadeira "nova aliança", nasce exatamente da constatação da debilidade crônica de que dá provas o poder público nas sociedades econômica e politicamente mais desenvolvidas, ou então — para usar uma palavra corrente — da crescente ingovernabilidade das sociedades complexas. A maior dificuldade que o neocontratualismo deve hoje enfrentar depende do fato de que os indivíduos detentores, cada um independentemente do outro, de uma pequena cota do poder soberano, protagonistas do contínuo processo de legitimação e relegitimação dos órgãos encarregados de tomar as decisões coletivas — indivíduos portanto que são, em definitivo, titulares últimos do direito de determinar as cláusulas do novo pacto —, não se contentam mais em pedir, em troca da sua obediência, apenas a proteção das liberdades fundamentais e da propriedade adquirida através das trocas (é a teoria do Estado mínimo de Nozick), mas passam a pedir que seja inserida no pacto alguma cláusula que assegure uma equânime distribuição da riqueza, para com isso atenuar, se não mesmo eliminar, as desigualdades dos pontos de partida (o que explica o sucesso do livro de Rawls, que pretende responder exatamente a essa questão). Tal solicitação está tão radicada, difusa e generalizada que já se transferiu do plano nacional para o internacional. Não é preciso recordar que a grande inovação da ONU em

O FUTURO DA DEMOCRACIA | 231

comparação com a Sociedade das Nações foi a instituição do Conselho Econômico e Social, que iniciou um processo de intervenção em favor dos países em vias de desenvolvimento e propôs à consideração do debate entre Estados o problema não só da *ordem* internacional, que por séculos foi o fim único do direito das gentes, mas também o da *justiça* internacional. Esta inovação está significativamente representada pela superposição pelo contraste Leste-Oeste — que repropõe, embora em grande escala, o problema tradicional da ordem — pelo contraste Norte-Sul, que propõe o tema novíssimo da justiça, não mais apenas entre classes ou estamentos no interior dos Estados, mas entre os Estados. Dificuldade grave, afirmei, porque a perspectiva de um grande superEstado assistencial vai abrindo caminho num mundo em que não foi resolvido, a não ser em parte, e está agora em grande crise, o projeto do Estado assistencial limitado às relações internas.

Se e como esta dificuldade pode ser resolvida é algo que ninguém, acredito, está em condições de prever. Do que não se pode duvidar, entretanto, é que a solução desta dificuldade constitui o tremendo desafio histórico da esquerda num mundo dominado pela "fúria da destruição".

GOVERNO DOS HOMENS OU GOVERNO DAS LEIS?

1. Ao longo da história do pensamento político repõe-se com insistência a pergunta: "Qual o melhor governo, o das leis ou o dos homens?" As diferentes respostas a esta pergunta constituem um dos capítulos mais significativos e fascinantes da filosofia política.

Para começar, é conveniente perceber que esta pergunta não deve ser confundida com aquela outra, não menos tradicional, dedicada a saber qual é a melhor forma de governo. Desde a célebre disputa entre os três príncipes persas, narrada por Heródoto, para definir se é melhor o governo de um, de poucos ou de muitos, a discussão sobre a melhor forma de governo esteve sempre voltada para a contraposição respectivamente das virtudes e dos defeitos da monarquia, da aristocracia e da democracia, e eventualmente para a superação do contraste entre elas através do delineamento de uma forma de governo que abarcasse todas as três, o assim chamado governo misto. Esta disputa assume como critério de avaliação e de escolha o número dos governantes. Mas cada uma das três formas tem o seu reverso numa forma má, a monarquia na tirania, a aristocracia na oligarquia, a democracia na oclocracia ou governo da ralé. Isto implica que para formular um juízo sobre a melhor forma de governo é preciso considerar não só quais e quantos são os governantes, mas também seu modo de governar. A alternativa "governo das leis ou governo dos homens?" diz respeito a este segundo problema. Não à *forma* de governo mas ao *modo* de governar. Em outras palavras, introduz um diverso tema de discussão e procede sob a insígnia de outra distinção: aquela entre bom e mau governo.[1] Com efeito, pode ser reformulada do seguinte modo: "Bom governo é aquele em que os governantes são bons porque governam respeitando as leis ou aquele em que existem boas leis porque os governantes são sábios?"

A favor do primado do governo das leis sobre o governo dos homens existem na idade clássica dois textos respeitáveis, um de Platão e outro de Aristóteles. O primeiro:

> chamo aqui de servidores da lei aqueles que ordinariamente são chamados de governantes, não por amor a novas denominações, mas porque sustento que desta qualidade dependa sobretudo a salvação ou a ruína da cidade. De fato, onde a lei está submetida aos governantes e carece de autoridade, vejo pronta a ruína da cidade; onde, ao contrário, a lei é senhora dos gover-

---

1. Ao tema do bom governo dediquei a aula inaugural pronunciada na Accademia dei Lincei em 26 de junho de 1981, agora em *Belfagor*, XXXVII (1982), pp. 1-12.

nantes e os governantes seus escravos, vejo a salvação da cidade e a acumulação nela de todos os bens que os deuses costumam conceder às cidades (*Leis*, 715d).

O segundo:

> É mais conveniente ser governado pelos melhores homens ou pelas melhores leis? Quem apoia o poder régio pensa que as leis enunciam somente princípios gerais e não dão diretrizes para fazer face aos casos particulares; sendo assim, em qualquer espécie de arte seria uma tolice estabelecer normas escritas [...] Ao mesmo tempo, os governantes devem estar imbuídos do princípio geral existente na lei, pois aquilo que não está sujeito à influência das paixões é melhor do que aquilo em que as paixões existem congenitamente; as leis não estão sujeitas a tal influência, mas toda alma humana necessariamente está. (*Política*, 1286a).

O principal argumento em favor da tese contrária à da superioridade do governo dos homens sobre o governo das leis aparece na crítica que, nesta passagem, Aristóteles lança aos defensores do poder régio. A crítica é claramente dirigida contra a tese sustentada por Platão no *Político*. Este diálogo platônico propõe-se a estabelecer a natureza da "ciência régia", ou seja, daquela forma de saber científico que permite, a quem a possua, o exercício de um bom governo. Depois de ter afirmado que faz parte da ciência régia a ciência legislativa, o Forasteiro completa: "Mas o melhor de tudo, parece, não é que as leis

O FUTURO DA DEMOCRACIA | 235

contem, mas que conte, bem mais, o homem que tem entendimento, o homem régio!" A Sócrates, que pergunta por qual razão, o interlocutor responde: "Porque a lei jamais poderá prescrever com precisão o que é melhor e mais justo para todos, compreendendo aquilo que é mais conveniente." Logo após sustenta com maior força que a lei, na medida em que pretende valer para todos os casos e para todos os tempos, é "semelhante a um homem prepotente e ignorante que não deixa a ninguém a oportunidade de realizar algo sem uma sua prescrição" (294ab). Como de hábito, segue o exemplo clarificador:

> Do mesmo modo que o timoneiro — que sempre procura o que é útil para a nave e os navegantes, sem necessidade de leis escritas mas tendo por norma apenas a arte — acaba por salvar os companheiros de nave, assim e deste preciso modo não seria possível, da parte daqueles que têm tal atitude ao governar, emergir uma correta forma de governo, graças à força da arte, que é superior à força das leis? (296e)

Como se vê, quem sustenta a tese da superioridade do governo dos homens altera completamente a tese do adversário: o que constitui para este último o elemento positivo da lei, a sua "generalidade", torna-se para o primeiro o elemento negativo, na medida em que, exatamente por sua generalidade, a lei não pode abarcar todos os casos possíveis e acaba, assim, por exigir a intervenção do sábio governante para que seja dado a cada um o que lhe é devido. O outro pode, porém, por sua vez, defender-se alegando o segundo caráter da lei: o fato de ser "sem paixões". Com esta expressão, Aristóteles quer demonstrar que onde o governante respeita a lei não pode fazer valer as próprias preferências pessoais. Em outras palavras, o respeito à lei impede o governante de exercer o próprio poder parcialmente, em defesa de interesses privados, assim como as regras da arte médica, bem aplicadas, impedem os médicos de tratar seus doentes conforme sejam eles amigos ou inimigos. Enquanto o primado da lei protege o cidadão do arbítrio do mau governante, o primado do homem o protege da aplicação indiscriminada da norma geral — desde que, é claro, o governante seja justo. A primeira solução subtrai o indivíduo à singularidade da decisão, a segunda o subtrai à generalidade da prescrição. Além do mais, assim como esta segunda pressupõe o bom governante, a primeira pressupõe a boa lei. As duas soluções são postas uma diante da outra como se se tratasse de uma escolha em termos absolutos: *out-out*. Na realidade, porém, ambas pressupõem uma condição que acaba por torná-las, com a mudança da condição, intercambiáveis. O primado da lei se baseia no pressuposto de que os governantes sejam maus, no sentido de que tendem a usar o poder em benefício próprio. Vice-versa, o primado do homem se baseia no pressuposto do bom governante, cujo tipo ideal, entre os antigos, era o grande legislador. De fato, se o governante é sábio, que necessidade temos de constringi-lo na rede de leis gerais que o impedem de avaliar os méritos e os deméritos de cada um? Certo, mas se o governante é mau não é melhor submetê-lo ao império das normas gerais que impedem a quem detém o poder de erigir o próprio arbítrio à condição de critério de julgamento do que é justo e do que é injusto?

Posta a alternativa nestes termos, e clarificado nestes termos o seu significado real, deve-se reconhecer que, como a resposta por muito tempo predominante no curso dos séculos foi em favor da superioridade do governo das leis, acabou por ser geralmente negativo o juízo sobre aqueles que a fortuna ou *virtú* ou uma combinação de ambos (para usar as conhecidas categorias de Maquiavel) puseram em condições de reger os destinos de um estado. Os critérios com os quais o bom governo foi distinguido do mau governo são sobretudo dois: o governo para o bem comum distinguido do governo para o próprio bem; o governo segundo leis estabelecidas — sejam elas as leis naturais ou divinas, ou as normas de costume ou as leis positivas postas pelos predecessores e tornadas hábitos do país — distinguido do governo arbitrário, cujas decisões são tomadas caso a caso, fora de qualquer regra preconstituída. Disto derivam duas figuras distintas mas não dessemelhantes de governante odioso: o tirano que usa o poder para satisfazer os próprios desejos ilícitos, de que fala Platão no livro IX da *República*; e o senhor que estabelece leis para si mesmo, ou seja, o autocrata no sentido etimológico da palavra.

2. O tema da superioridade do governo das leis percorre sem solução de continuidade toda a história do

pensamento ocidental (mas com não menor fortuna também a história do pensamento político na antiga China).

Uma das formas mais antigas de exprimir a ideia do bom governo é através do termo grego "eunomia", usado por Solón, o grande legislador de Atenas, em oposição a "disnomia". Destacada do contexto, de difícil e incerta interpretação, a expressão mais célebre entre os antigos, depois retomada infinitas vezes pelos modernos, a do império da lei [*signoria della legge*], está no fragmento de Píndaro, propagado com o título *Nómos Basiléus*, que se inicia afirmando que a lei é rainha de todas as coisas, tanto das mortais como das imortais.[2] Entre as passagens canônicas que a idade clássica transmitiu às idades sucessivas, deve-se recordar o texto de Cícero, segundo o qual *"Omnes legum servi sumus uti liberi esse possumus"*.[3]

Todo o pensamento político do medievo está dominado pela ideia de que bom governante é aquele que governa observando as leis de que não pode dispor livremente porque o transcendem, como são as proclamadas por Deus ou as inscritas na ordem natural das coisas ou ainda as estabelecidas como fundamento da constituição

---

2. Sobre o tema ver o conhecido livro de M. Gigante, *Nómos Basiléus*, Edizioni Napoli: Glaux, 1956 [reprint Arno Press, New York, 1979].

3. Cícero, *Pro Cluentio*, 53, ["Devemos ser servos da lei para podermos ser livres".]. Para esta e outras citações, e em geral para a história do governo das leis, veja-se F. A. Hayek, *The Constitution of Liberty*, Chicago: The University of Chicago Press 1960, que cito da tradução italiana *La società libera*, Florença, Vallecchi, 1969, cap. XI, pp. 190-204.

do Estado (as leis, exatamente, "fundamentais"). No *De legibus et consuetudinibus Angliae*, Henri Bracton enuncia uma máxima destinada a se tornar o princípio do Estado de direito: *"Ipse autem rex non debet esse sub homine sed sub deo et sub lege quia lex facit regem."*[4] Não se podia enunciar com maior força a ideia do primado da lei: não é o rei que faz a lei mas a lei que faz o rei. Na concepção dinâmica do ordenamento jurídico dos modernos ("dinâmica" no sentido da teoria normativa de Kelsen), pode-se traduzir a máxima de Bracton na afirmação de que o soberano faz a lei apenas se exerce o poder com base numa norma do ordenamento e é, portanto, soberano legítimo; e exerce o poder de fazer as leis (ou seja, as normas válidas e vinculatórias para toda a coletividade) dentro dos limites formais e materiais estabelecidos pelas normas constitucionais, não sendo portanto tirano (no sentido da tirania *"ex parte exercitii"*).

Da Inglaterra o princípio da *rule of law* transfere-se para as doutrinas jurídicas dos Estados continentais, dando origem à doutrina, hoje verdadeiramente universal (no sentido de que não é mais contestada por ninguém em termos de princípio, tanto que quando não se a reconhece se invoca o estado de necessidade ou de exceção), do "Estado de direito", isto é, do Estado que tem como princípio inspirador a subordinação de todo poder ao direito, do nível mais baixo ao nível mais alto, através

---

4. Na edição crítica organizada por G. E. Woodbine, Harvard University Press, 1968, II, p. 33, ["O rei não pode ficar subordinado a um homem, mas somente a Deus e à lei, porque a lei faz o rei".]

daquele processo de legalização de toda ação de governo que tem sido chamado, desde a primeira constituição escrita da idade moderna, de "constitucionalismo". Existem duas manifestações extremamente reveladoras da universalidade desta tendência à submissão do poder político ao direito. A primeira é a interpretação weberiana do Estado moderno como Estado racional e legal, como Estado cuja legitimidade repousa exclusivamente no exercício do poder em conformidade com as leis; a segunda é a teoria kelseniana do ordenamento jurídico como cadeia de normas que criam poderes e de poderes que criam normas, cujo marco inicial é representado não pelo poder dos poderes, como foi sempre concebida a soberania na teoria do direito público que se veio formando com o formar-se do Estado moderno, mas pela norma das normas, a *Grundnorm*, da qual dependem a validade de todas as normas do ordenamento e a legitimidade de todos os poderes inferiores.[5]

3. Para completar este discurso, deve-se ainda refletir sobre o fato de que por "governo da lei" entendem-se duas coisas diversas, ainda que coligadas: além do governo *sub lege*, que é o considerado até aqui, também o governo *per leges*, isto é, mediante leis, ou melhor, por meio da emanação (se não exclusiva, ao menos predominante) de normas gerais e abstratas. Uma coisa é o governo

---

5. Detive-me mais longamente sobre este tema em "Kelsen e il problema del potere", in *Rivista internazionale di filosofia del diritto*, LVIII (1981), pp. 549-570.

exercer o poder segundo leis preestabelecidas, outra coisa é exercê-lo mediante leis, isto é, não mediante ordens individuais e concretas. As duas exigências não se superpõem: num Estado de direito o juiz, quando emite uma sentença que é uma ordem individual e concreta, exerce o poder *sub lege* mas não *per leges*; ao contrário, o primeiro legislador, o legislador constituinte, exerce o poder não *sub lege* (salvo ao pressupor, como faz Kelsen, uma norma fundamental) mas *per leges* no momento mesmo em que emana uma constituição escrita. Na formação do Estado moderno, a doutrina do constitucionalismo, na qual se resume toda forma de governo *sub lege*, procede no mesmo passo que a doutrina do primado da lei como fonte de direito, entendida a lei, por um lado, como expressão máxima da vontade do soberano (seja ele o príncipe ou o povo), em oposição ao costume, e por outro lado, como norma geral e abstrata, em oposição às ordens dadas caso a caso. Que sejam considerados os três maiores filósofos cujas teorias acompanham a formação do Estado moderno, Hobbes, Rousseau e Hegel: pode-se duvidar que eles devam ser incluídos entre os partidários do governo da lei, mas certamente todos os três são defensores do primado da lei como fonte do direito, como instrumento principal de dominação e, enquanto tal, como prerrogativa máxima do poder soberano.

Esta distinção entre governo *sub lege* e governo *per leges* é necessária não só por razões de clareza conceitual mas também porque as virtudes costumeiramente atribuídas ao governo da lei são diversas conforme estejam referidas ao primeiro significado ou ao segundo. As virtudes do governo *sub lege* consistem, como já se afirmou, em impedir ou ao menos obstaculizar o abuso de poder; as virtudes do governo *per leges* são outras. Mais ainda: deve-se dizer que a maior parte dos motivos de preferência pelo governo da lei em detrimento do governo dos homens, aduzidos a começar dos escritores antigos, estão vinculados ao exercício do poder mediante normas gerais e abstratas. De fato, os valores fundamentais, aos quais se referiam os defensores do governo da lei — a igualdade, a segurança e a liberdade —, estão garantidos pelas características intrínsecas da lei entendida como norma geral e abstrata, mais que pelo exercício legal do poder.

Está fora de discussão que a função igualizadora da lei depende da natureza de norma geral que tem por destinatário não só um indivíduo mas uma classe de indivíduos que também pode ser constituída pela totalidade dos membros do grupo social. Precisamente por causa da sua generalidade, uma lei, seja ela qual for, independentemente portanto do conteúdo, não permite, ao menos no âmbito da categoria de sujeitos à qual se dirige, nem o privilégio, isto é, a medida em favor de uma só pessoa, nem a discriminação, isto é, a medida em desfavor de uma única pessoa. Que existam leis igualitárias e leis desigualitárias é outro problema: é um problema que diz respeito não à forma da lei mas ao conteúdo.

A função de segurança, ao contrário, depende da outra característica puramente formal da lei, a característica da abstratividade, isto é, do fato de que ela liga uma dada consequência à atribuição ou emissão de uma ação típica, enquanto tal repetível: neste caso, a norma abstrata contida na lei se contrapõe à ordem dirigida a uma pessoa ou mesmo a uma classe de pessoas (sob este aspecto a natureza do destinatário é indiferente) para que seja cumprida uma ação especificamente determinada, cuja execução esgota de uma vez por todas a eficácia da ordem. Enquanto os antigos, sensíveis de modo particular ao problema do governo tirânico, colocaram em destaque sobretudo a função igualizadora da lei, os modernos (refiro-me à categoria do Estado legal e racional de Weber) exaltaram sobretudo a função que o governo pode desempenhar, emanando normas abstratas, para assegurar a previsibilidade e portanto a calculabilidade das consequências das próprias ações, favorecendo assim o desenvolvimento do intercâmbio econômico.

Mais problemático é o nexo entre a lei e o valor da liberdade. O famoso dito ciceroniano segundo o qual devemos ser servos da lei para sermos livres, se não é interpretado, pode parecer um retórico convite à obediência. Mas como interpretá-lo? As interpretações possíveis são duas, conforme o alvo seja a liberdade negativa ou a liberdade positiva. Mais simples a interpretação fundada sobre a liberdade positiva, como aparece neste trecho de Rousseau: "Sempre se é livre quando se está submetido às leis, mas não quando se deve obedecer a um homem; porque neste segundo caso devo obedecer à vontade de outrem, e quando obedeço às leis acato apenas à vontade pública, que é tanto minha como de qualquer outro."[6] Mais simples porém também mais redutiva, ou melhor, mais simples exatamente porque mais redutiva: por "lei" Rousseau entende unicamente a norma emanada da vontade geral. Poder-se-ia dizer o mesmo da lei estabelecida pelo sábio legislador ou de uma norma consuetudinária ou ainda de uma lei não estabelecida pela vontade geral? Pode-se considerar como característica intrínseca da lei, além da generalidade e da abstratividade, também a emanação da vontade geral? Se não se pode, o que garante a proteção da liberdade positiva é a lei em si mesma ou a lei para cuja formação deram sua contribuição aqueles que depois deverão a ela obedecer?

Para atribuir à lei enquanto tal também a proteção da liberdade negativa é preciso uma limitação ainda maior do seu significado. É preciso considerar como leis verdadeiras e próprias apenas aquelas normas de conduta que intervenham para limitar o comportamento dos indivíduos unicamente com o objetivo de permitir a cada um o desfrute de uma esfera própria de liberdade, protegida da eventual interferência de outros. Por mais estranha e historicamente insustentável que seja, esta interpretação da natureza "autêntica" da lei é tudo menos infrequente na história do pensamento jurídico. Corresponde à teoria, não sei se inaugurada mas certamente divulgada por Thomasius, segundo a qual a ca-

---

6. Este trecho foi extraído dos *Fragments politiques*, que cito da edição organizada por P. Alatri dos *Scritti politici*. Turim, Utet, 1970, p. 646.

racterística distintiva do direito com respeito à moral está no fato de ser constituído exclusivamente de preceitos negativos, resumíveis no *neminem laedere*. Também para Hegel o direito abstrato, que é o direito de que se ocupam os juristas, é composto apenas de proibições. Esta velha doutrina, que podemos chamar de "doutrina dos limites da função do direito" (que se integra historicamente com a doutrina dos limites do poder do Estado), foi retomada e trazida novamente à luz do dia por um dos maiores defensores do Estado liberal, Friedrich von Hayek, que entende por normas jurídicas propriamente ditas apenas aquelas que oferecem as condições ou os meios com os quais o indivíduo pode perseguir livremente os próprios fins sem ser impedido a não ser pelo igual direito dos outros. Não é por acaso que as leis assim definidas sejam, também para Hayek, imperativos negativos ou proibições.[7]

Enquanto o nexo entre lei e igualdade e entre lei e segurança é direto, para justificar o nexo entre lei e liberdade é preciso manipular o conceito mesmo de lei, assumir um conceito seletivo, eulógico e em parte também ideologicamente orientado.* Prova disto é que a demonstração do nexo entre lei e liberdade positiva exige o apelo à doutrina democrática do Estado, e a do nexo en-

---

7. Sobre este tema detive-me mais longamente em *Dell'uso delle grandi dicotomie nella storia del diritto* (1970), agora em *Dalla struttura alla funzione. Nuovi studi di teoria del diritto*, Milão, Edizioni di Comunità, 1977, pp. 123-44.

* Eulógico: do grego *euloghia* (bênção, louvação), usado aqui no sentido de celebrativo, apologético, laudatório. [N. do T.]

tre lei e liberdade negativa pode ser fundada apenas sobre os pressupostos da doutrina liberal.

4. Ao lado da ideia do primado do governo das leis
corre paralela, embora com menor fortuna, a ideia do
primado do governo dos homens. Porém, diferentemente da primeira, da qual frequentemente se narrou a história, a segunda jamais foi objeto, que eu saiba, de estudo
atento e de análise particularizada. Apesar disto, apresenta uma fenomenologia tão ampla e rica que oferece abundante material para uma tipologia (da qual proponho,
nas páginas seguintes, um primeiro esboço).

Antes de tudo, advirto que não se deve confundir a
doutrina do primado do governo dos homens com o elogio da monarquia como forma de governo, tão frequente nos clássicos do pensamento político como Bodin,
Hobbes, Montesquieu, Hegel. O governo monárquico,
na medida em que se contrapõe ao tirânico, sua forma
corrupta, é sempre um governo *sub lege*. A máxima de
Ulpiano, *"princeps legibus solutus est"* ["o príncipe está livre das leis"], enunciada para o principado romano, foi
interpretada pelos juristas medievais no sentido de que o
soberano está livre das leis positivas que ele mesmo pro-
duz e dos costumes que valem até quando são tolerados,
mas não das leis divinas e naturais, que obrigam inclusive o monarca, que antes de ser rei é um homem como
todos os outros, embora apenas em consciência, em virtude de uma *vis directiva*, como explica por exemplo São

O FUTURO DA DEMOCRACIA | 247

Tomás, e não *coactiva*.[8] A contrafigura do rei é o tirano, cujo poder é *extra legem* tanto no sentido de não ter título válido para governar como no sentido de governar ilegalmente. Mesmo no âmbito dos escritores que consideram a monarquia como a melhor forma de governo, o governo típico do homem (como é o governo tirânico) é sempre uma forma negativa. A excelência da monarquia não está em ser o governo do homem contraposto ao governo das leis, mas, ao contrário, na necessidade que tem o monarca de respeitar as leis universalmente humanas mais que uma assembleia de notáveis ou, pior, popular. Enquanto se identificar o governo dos homens com o governo tirânico não existe razão nenhuma para se abandonar a antiga doutrina do primado do governo das leis. Melhor ainda: a existência de governos tirânicos é uma nova prova *a contrario* da excelência do governo das leis.

Desde a célebre descrição platônica do advento do tirano como decorrência da dissolução da pólis provocada pela democracia "licenciosa" (o epíteto é de Maquiavel), a tirania como forma de governo corrupta foi associada bem mais à democracia que à monarquia. Porém, foi apenas no início do século passado, após a revolução francesa e o domínio napoleônico, entre os escritores políticos conservadores, que o chamado "cesarismo" — que um Napoleão III se torna, especialmente graças à crítica de Marx "bonapartismo" — encontrou um lugar

---

8. São Tomás, *Summa theologica*, I[a], II[ae], q. 96, art. 5.

de destaque ao lado das tradicionais formas de governo, com uma conotação geralmente negativa. Pois bem: todos os escritores que fazem do cesarismo uma forma autônoma de governo o definem como "tirania" (ou despotismo) popular; a reminiscência platônica, que se propagou nos séculos juntamente com o desprezo pelos demagogos, é evidente. Em outras palavras, o cesarismo (ou bonapartismo) é aquela forma de governo de um só homem que nasce como efeito do desarranjo a que são levados inelutavelmente os governos populares: o jacobinismo gera Napoleão o Grande, a revolução de 1848 gera Napoleão o pequeno, do mesmo modo que o tirano clássico nasce nas cidades gregas tão logo ganha corpo o *demos* ou quando surge o senhor nas tumultuosas comunas italianas. Para Tocqueville, uma nova espécie de opressão ameaça os povos democráticos, pelo que é difícil valer-se de palavras antigas "pois a coisa é nova". Mas não tão nova a ponto de não poder ser descrita como uma forma de despotismo:

> Imaginemos sob quais aspectos novos o despotismo poderia produzir-se no mundo: vejo uma inumerável multidão de homens símiles e iguais que nada mais fazem que rodar sobre si mesmos, para procurarem pequenos e vulgares prazeres com que saciar a sua alma... Acima deles ergue-se um poder imenso e tutelar, que se encarrega por si só de assegurar o usufruto dos bens

O FUTURO DA DEMOCRACIA | 249

e de velar por sua sorte. É absoluto, minucioso, sistemático, previdente e brando.[9]

Perto do fim do século, deu-se amplo espaço à análise histórica e doutrinal do cesarismo em dois dos maiores tratados de política, o de Treitschke e o de Roscher. O primeiro, antifrancês até a medula, considera que Napoleão satisfez o desejo dos franceses de serem escravos e chama o regime nascido da revolução de "despotismo democrático".[10] O segundo, retomando o *tópos* clássico da anarquia que provoca o desejo de ordem, pois é sempre melhor um leão que dez lobos ou cem chacais, afirma que o tirano nasce do governo do povo e governa com o favor daqueles que por ele são tratados como escravos.[11] Como se vê, o vínculo entre governo popular e governo tirânico é um tema caro a todos os escritores antidemocráticos, liderados por Platão. Na crítica à democracia grega, já Hamilton havia escrito na primeira carta do *Federalist*: "A maior parte dos homens que subverteram a liberdade das repúblicas começaram sua carreira cortejando servil-

---

9. A. de Tocqueville, *De la démocratie en Amérique*, que cito a partir da tradução italiana feita por N. Matteucci, Turim: Utet, 1968, II, p. 812. [Ed. bras: *Da democracia na América*. 2 vol. São Paulo: Martins Fontes, 1998-1999.]

10. H. von Treitschke, *Politica*, Bari, Laterza, 1918, II, p. 190.

11. W. Roscher, *Politik. Geschichtliche Naturlehre der Monarchie, Aristokratie und Demokratie*, Cotta, Stuttgart, 1892. Sobre o tema, ver I. Cervelli, "Cesarismo e cavourismo", in *La cultura*, X (1972), pp. 337-91; L. Mangoni, "Cesarismo, bonapartismo, fascismo", in *Studi storici*, 1976, n° 3, pp. 41-61; o verbete *Caesarismus*, in *Geschichtliche Grundbegreiffe*, Stuttgart: Kleit Verlag, 1974, pp. 726-771.

mente o povo; começaram como demagogos e terminaram tiranos."[12]

5. O governo dos homens como alternativa positiva ao governo das leis se apresenta na sua forma mais rudimentar através da figura do soberano-pai ou do soberano-patrão, ou seja, aparece nas concepções paternalistas ou patriarcalistas (no limite, também na despótica) do poder, naquelas doutrinas em que o Estado é considerado uma família *in grande* — ou paterna, ou patriarcal, ou patronal, conforme os autores — e o poder do soberano é assimilado ao do pai, do patriarca ou do patrão. Grande ou pequena, patronal ou apenas paterna, a família sempre foi elevada a modelo, ao menos até Locke, do grupo monocrático, no qual o poder supremo está concentrado nas mãos de um único e os súditos são, no sentido jurídico da palavra, "incapazes" — ou temporariamente até a maioridade, como é o caso dos filhos, ou perenemente como é o caso dos escravos. Tal como o pai (ou o patriarca ou o patrão), o rei, concebido como o chefe de uma família *in grande*, é levado a exercer o poder não à base de normas preestabelecidas e mediante normas gerais e abstratas, mas à base da sabedoria e mediante disposições dadas caso a caso, segundo as necessidades e as carências, das quais apenas ele é o intérprete autorizado. Os vínculos que unem o pai ou o patrão aos

---

12. Cito a partir da tradução italiana feita por M. D'Addio e G. Negri, Bolonha: Il Mulino, 1980, p. 38. [Trad. bras. Rio de Janeiro: Nova Fronteira.]

O FUTURO DA DEMOCRACIA | 251

membros do grupo familiar não são jurídicos, mas éticos ou, no extremo oposto, estão baseados meramente na força. Enquanto sociedade de desiguais — a mulher (ou as mulheres, na família poligâmica) com respeito ao marido, os filhos com respeito ao pai, os escravos com respeito ao patrão —, a sociedade familiar, e com ela o Estado quando concebido como uma família, não se submetem à força igualizadora da lei, apoiam-se mais sobre a justiça caso por caso que sobre a justiça legal. A equidade, enquanto justiça do caso concreto, pode ser redefinida como a justiça do homem em contraste com a justiça da lei. Embora em posição marginal, não preeminente, o ideal do governo paterno chega com Filmer, contestado por Locke, até o limiar da idade moderna. Quando Leibniz enumera os deveres do soberano, para distinguir o bom governo do mau governo, retoma na verdade os deveres do bom pai de família. São deveres que dizem respeito quase exclusivamente à boa educação e ao bem-estar dos súditos, tais como o adestramento para a moderação, a prudência, a sanidade física, o exercício de todas as virtudes da alma e do corpo. Entre estes, o dever de fazer com que os súditos "amem e honrem seus governantes" (que faz eco ao mandamento "Honrar o pai e a mãe")[13]. Não é sem razão que a crítica definitiva da concepção paternalista do poder provenha de um pensador como Kant, ao qual devemos uma das

---

13. G. W. Leibniz, *Scritti politici e di diritto naturale*, organização de V. Mathieu, Turim, Utet, 1951, p. 131.

mais completas e coerentes teorias do Estado de direito: para Kant "um governo fundado sobre o princípio da benevolência para com o povo, tal como o governo de um pai para com os filhos, isto é, um governo paternalista (*imperium paternalé*) (...), é o pior despotismo que se possa imaginar".[14]

Desde os antigos, a começar de Aristóteles, que neste caso dá início a uma tradição secular, o governo do soberano-pai, o despotismo, diferentemente da tirania, é um governo legítimo; e isto porque onde os povos são por natureza escravos (como ocorre com os bárbaros orientais), a única forma de governo possível é a do patrão de escravos. Na história do pensamento político europeu poucas ideias foram tão tenazmente defendidas e tão monotonamente repetidas como esta, uma ideia que chega, de fato, através de Montesquieu, até Hegel, para o qual no mundo oriental "apenas um é livre", enquanto na sociedade europeia de seu tempo, que tem início com as monarquias germânicas, "todos são livres".

6. A figura clássica da superioridade, e num certo sentido da necessidade, do governo do homem sábio com respeito àquele das boas leis, é representada pelo grande legislador. Figura necessária porque inserida no ponto débil da tese favorável ao governo das leis, que deve, na verdade, responder à pergunta: "De onde vêm

---

14. Esta passagem (mas seria possível citar muitas outras do mesmo teor) foi extraída do texto *Sobre o dito popular "Isto pode ser justo em teoria mas não vale para a prática"* (1793), que cito da tradução italiana feita por G. Solari e G. Vidari, Turim, Utet, 1956, p. 255.

O FUTURO DA DEMOCRACIA | 253

as leis?" A questão é tão premente que *As Leis* de Platão começam com estas palavras. O Ateniense dirige-se a Clinia e lhe pergunta: "Um deus ou um homem, entre vós, hóspede, é considerado como o autor da instituição das leis?" E Clinia responde: "Um deus, hóspede, um deus" (621*a*).

Se se respondesse que as leis têm origem em outras leis, precipitar-se-ia num regresso ao infinito. Deve-se pois parar em certo ponto. Assim, ou as leis têm origem divina ou sua origem se perde na escuridão dos tempos. Mas é preciso também considerar a circunstância de que, de vez em quando, os deuses inspiram homens extraordinários que, estabelecendo novas leis, dão uma ordem justa e duradoura às cidades: Minos em Creta, Licurgo em Esparta, Sólon em Atenas. Deste modo, diante do governo das leis o princípio do bom governo está completamente invertido: não é a boa lei que faz o bom governante mas o sábio legislador que realiza o bom governo ao introduzir boas leis. Os homens vêm antes das leis: o governo das leis, para ser um bom governo (e não pode ser um bom governo se não são boas as leis a que deve conformar a própria ação), pressupõe o homem justo, capaz de interpretar as carências de sua cidade. Para demonstrar a força sugestiva que o ideal do bom legislador teve ao longo dos séculos, basta o atributo de *conditor legis* visto pelos soberanos como um dos máximos títulos de glória.

Ideal tipicamente iluminista, de uma idade em que um dos deveres dos príncipes reformadores parece ser o de renovar os fastos do imperador Justiniano dando impulso à obra da reforma das leis através da redação de novos códigos, o grande legislador é exaltado por Rousseau, admirador do governo de Esparta, num dos capítulos mais surpreendentes e controvertidos do *Contrato social*: "Seriam precisos deuses para dar leis aos homens", exclama, repetindo a lição dos antigos. Com uma clara referência ao homem régio de Platão, pergunta-se: "Se é verdade que um grande príncipe é uma pessoa rara, quanto mais não o será um grande legislador?" A resposta não pode dar margem a dúvidas: "O primeiro deve limitar-se a seguir um modelo, mas o outro deve propô-lo." Sob todos os aspectos o legislador é "um homem extraordinário", cuja missão histórica é nada mais nada menos a de "mudar a natureza humana, transformar cada indivíduo, que em si mesmo é um todo perfeito e isolado, numa parte de um todo maior".[15] O mito do grande legislador inspira os grandes revolucionários. Faz florescer a "ciência da legislação", da qual a monumental obra de Gaetano Filangieri representa um modelo insuperado, rapidamente difundido em toda a Europa civil. O último representante dela, antes que a crítica dos "legistas" feita por Saint-Simon deixasse sua marca, foi Jeremy Bentham, incansável e malsucedido autor de projetos legislativos que deveriam instaurar o reino da felicidade na terra.

---

15. *Contratto sociale*, II, 7.

Análoga à figura do grande legislador é a do fundador de Estados. Nesta qualidade projeta-se, na tradição antiga, fonte inexaurida de personagens paradigmáticos, Teseu, de quem Plutarco (que o coloca ao lado de Rômulo, fundador de Roma) escreveu que "de um povo disperso fez uma cidade". É análoga porque também pertencente ao tema misterioso e sugestivo das origens. Cada Estado, visto num momento determinado da sua história e na sucessão destes momentos, tem sua constituição, isto é, um ordenamento feito de leis transmitidas ou impostas. Mas quem quiser retroceder no tempo, de constituição em constituição, não chegará fatalmente ao momento em que a ordem nasce do caos, o povo da multidão, a cidade de indivíduos isolados e em luta entre si? Se em seu desenvolvimento histórico a cidade pode ser conhecida através de suas leis, de sua constituição (hoje diríamos de seu ordenamento jurídico), voltando-se às origens não se encontram leis, mas homens, ou melhor, segundo a interpretação mais acreditada e aceita, o homem, o herói.

Na idade moderna, a mais elevada homenagem ao fundador de Estados e, portanto, o mais elevado reconhecimento do primado do governo dos homens sobre o governo das leis, encontra-se não por acaso numa obra como *O Príncipe* de Maquiavel, de um autor, como é o comentador de Tito Lívio, nutrido de leituras clássicas e particularmente sensível aos ensinamentos dos escritores antigos. Falando dos "príncipes novos", entre os quais os mais "extraordinários" são, segundo uma secular tradição apologética, Moisés, Ciro, Teseu e Rômulo, Maquiavel escreve que quem considerar suas ações acabará por ver quão "admiráveis" são eles. Nas últimas páginas, invocando o novo príncipe que deverá libertar a Itália do "bárbaro domínio", os apresenta mais uma vez como exemplo, e repete: "Nenhuma coisa dá tanta honra a um governante novo como as novas leis e os novos regulamentos por ele elaborados."[16] Seguindo as pegadas de Maquiavel, de quem é um grande admirador, Hegel eleva o herói, fundador de Estados, à condição de suma figura da história universal, à qual dedica algumas páginas grandiosas e solenes nas lições de filosofia da história: "Eles têm o direito a seu lado porque são os videntes: sabem qual é a verdade do seu mundo e do seu tempo (...) e os outros se reúnem em torno da sua bandeira."[17] Têm o direito a seu lado? O que quer dizer isto? Quer dizer, precisamente, como Hegel explica nas lições de filosofia do direito, que o fundador de Estados tem o direito, que todos os seus sucessores não têm, de exercer a força acima e por fora das leis para alcançar seu fim, para cumprir sua missão extraordinária, um direito que, não encontrando obstáculos no direito de outrem, pode com razão afirmar-se como "absoluto".[18]

7. Tanto o grande legislador, o sábio, quanto o fundador de Estados, o herói, são personagens excepcionais

---

16. Estas passagens são extraídas do célebre último capítulo de *Il Principe*, o capítulo XXVI. [Trad. bras. São Paulo: Abril, "Os pensadores", 1973.]

17. G. W. F. Hegel, *Lezioni sulla filosofia della storia*, La Nuova Ítalia.

18. *Idem. Lineamenti di filosofia del diritto.* §§ 93, 102, 350.

O FUTURO DA DEMOCRACIA | 257

que surgem em situações incomuns e desenvolvem suas ações em momentos ou de começo ou de ruptura. Na realidade, o governo dos homens, mais que uma alternativa ao governo das leis, dele é uma necessária sub-rogação nas épocas de crise. A fenomenologia das figuras históricas através das quais abriu caminho a ideia da superioridade do governo dos homens é em grande parte uma fenomenologia de personagens excepcionais. Daí que a pergunta "governo das leis ou governo dos homens?" acaba por ser uma pergunta mal posta, pois um não exclui o outro. Entre todas as representações positivas do governo dos homens, a única que não é imediatamente associada a um estado de exceção é a do rei-filósofo de Platão; este porém, na mente mesma de Platão, é uma figura ideal. Sua existência histórica, obscurecida na *Carta sétima*, na frase "os problemas das cidades terão fim quando seu governo estiver em mãos de pessoas capazes de exercer a verdadeira filosofia" (326*ab*), termina num fracasso. Historicamente, o governo do homem faz seu aparecimento quando o governo das leis ainda não surgiu ou mostra sua inadequação diante da irrupção de uma situação de crise revolucionária. Em suma, está estreitamente ligado ao estado de exceção.

Do estado de exceção nasce, nos primeiros séculos da república romana, a instituição do ditador. Em torno desta instituição giraram e giram até hoje as reflexões mais interessantes e pertinentes sobre o governo do homem. O ditador romano é o caso exemplar da atribuição a uma única pessoa de todos os poderes, dos "plenos poderes", e portanto do poder de suspender, mesmo que temporariamente, a validade das leis normais, numa situação de particular gravidade para a sobrevivência mesma do Estado. Representa bem o conceito de que o governo do homem deve ser sempre interpretado com referência às circunstâncias que o tornam necessário. Em alguns dos maiores escritores políticos da idade moderna, de Maquiavel a Rousseau, a ditadura romana é apresentada como exemplo de sabedoria política, na medida em que reconhece a utilidade do governo do homem mas o admite apenas em caso de perigo público e apenas enquanto durar o perigo. Mais ainda: o dever do ditador é exatamente o de restabelecer o Estado normal e, com isso, a soberania das leis.

Mesmo quando a ditadura, afastando-se de seus princípios constitutivos, tende a perpetuar-se no tempo e aparece então o homem de exceção que transforma o poder constitucional do ditador *pro tempore* num poder pessoal, a justificação do prolongamento indefinido dos plenos poderes está sempre fundada na gravidade excepcional e na imprevisível duração da crise. Trata-se em geral de uma crise catastrófica, de uma crise não interna ao regime, finda a qual o ordenamento retoma seu curso regular, mas de uma crise externa, isto é, de uma crise que prenuncia a passagem de um ordenamento a outro, na qual o aparecimento de um homem da história universal (para usar a expressão de Hegel), como César, representa a travessia turbulenta, caracterizada por uma longa e cruenta guerra civil, da república ao principado.

A distinção, introduzida por Carl Schmitt, entre ditadura comissária e ditadura soberana, reflete a diferença entre os plenos poderes como instituição prevista pela constituição e os plenos poderes assumidos por fora da constituição pelo chefe destinado a derrubar o antigo regime e a instaurar o novo: uma diferença que não exclui a pertinência de ambos a um gênero comum, o gênero do poder excepcional e temporário, mesmo se no segundo caso a duração não está constitucionalmente preestabelecida. Que a ditadura soberana, ou constituinte, seja exercida por um indivíduo, como César ou Napoleão, ou por um grupo político, como os jacobinos ou os bolcheviques, ou ainda por uma classe inteira conforme a concepção marxista do Estado, definido como ditadura da burguesia ou do proletariado, não muda em nada a natureza do governo ditatorial como governo no qual o homem ou os homens se contrapõem à supremacia das leis transmitidas. O que pode mudar é seu significado axiológico: geralmente positivo quando se refere à ditadura comissária; ora positivo ora negativo quando se refere à ditadura constituinte, segundo as diversas interpretações — a ditadura jacobina e a ditadura bolchevique são ora exaltadas ora censuradas com dureza. Na linguagem do marxismo, a ditadura da burguesia é a realidade a ser combatida, a ditadura do proletariado o ideal a ser perseguido.

Não obstante as oportunas distinções históricas e conceituais, as várias formas de poder do homem têm traços comuns que se revelam frequentemente na interpretação do mesmo personagem segundo uma ou outra destas formas. Vimos o nexo que alguns escritores antidemocráticos estabeleceram entre cesarismo e tirania popular. Mas não é menos frequente, nem historicamente menos fundada, a associação entre cesarismo e ditadura. Franz Neumann, por exemplo, fala de "ditadura cesarista" como de uma espécie de ditadura (as outras duas sendo a ditadura simples e a ditadura totalitária) e apresenta como exemplo (insólito) o efêmero governo de Cola di Rienzo, definido como "uma das ditaduras cesaristas mais fascinantes".[19] A associação do cesarismo com a tirania destaca sobretudo o aspecto de forma corrupta de exercício do poder; a associação com a ditadura destaca o aspecto da excepcionalidade que, quando está justificada pelo estado de necessidade, não é preliminarmente negativa. Os dois aspectos não se excluem reciprocamente, mesmo se o poder tirânico não é sempre excepcional e o poder excepcional não é sempre corrupto. Na interpretação marxiana do Golpe de Estado de Luiz Bonaparte, o "bonapartismo" assemelha-se mais à ditadura que à tirania: representa de fato o exercício de um poder excepcional numa situação em que o poder da classe dominante está ameaçado (situação aliás prevista também na instituição do ditador romano, que era chamado não só em caso de perigo externo mas também interno). Seguindo Marx, Gramsci define o cesarismo

---

19. F. Neumann, *Lo stato democratico e lo stato autoritario*, Bolonha: Il Mulino, 1973, pp. 333 ss. [Trad. bras. Rio de Janeiro: Zahar, 1969.]

como característico de "uma situação na qual as forças em luta se equilibram de tal modo que a continuação da luta não pode concluir-se senão com a destruição recíproca".[20] Além do mais, Gramsci distingue um cesarismo progressivo e um regressivo, indicando como exemplo do primeiro César e Napoleão I, do segundo Bismarck e Napoleão III. Estas páginas dos *Cadernos do cárcere* foram escritas entre 1932 e 1934: pode-se conjecturar que falando de cesarismo progressivo Gramsci pensasse em Lênin, falando de cesarismo regressivo pensasse em Mussolini.

8. É preciso chegar a Max Weber para se ter uma completa teoria do poder pessoal e excepcional. Entre as três formas de poder legítimo Weber inclui, como se sabe, o poder carismático. Concluindo esta rápida apresentação, creio poder afirmar que o líder carismático de Weber é uma espécie de síntese histórica de todas as formas de poder do homem: para ele confluem seja o grande demagogo (o tirano dos antigos, que oferece o material histórico para a reconstrução da forma moderna do cesarismo), seja o herói no sentido maquiaveliano e hegeliano, seja o grande chefe militar. Mas não os grandes legisladores, de quem Weber se ocupa marginalmente, limitando-se a dizer "que são normalmente chamados a seu posto quando existem tensões sociais, isto é, quando

---

20. A. Gramsci, *Quaderni del carcere*, Turim: Einaudi, 1975, p. 1619. [Ed. bras. *Cadernos do cárcere*, 6 volumes. Rio de Janeiro: Civilização Brasileira, 199-2000.]

se afirma a primeira situação típica que exige uma política social sistemática".[21]

No extremo oposto do poder carismático está o poder legal: um e outro representam exemplarmente a contraposição entre o governo dos homens e o governo das leis. O poder tradicional está a meio caminho entre os dois extremos: é um poder pessoal mas não extraordinário; é um poder pessoal cujo fundamento de legitimidade não deriva dos méritos do chefe mas da força da tradição e, portanto, como no caso do poder legal, de uma força impessoal. O poder carismático, diferentemente dos outros dois, é o produto das grandes crises históricas, enquanto o poder legal e o poder tradicional representam os tempos longos, da história. O poder carismático queima tudo nos tempos breves e intensos que existem entre um término e um início, entre a decadência e a regeneração, entre a velha ordem que desaparece e a nova que a duras penas abre caminho. Se seu domínio habitualmente é efêmero, sua tarefa é extraordinária.

Inútil perguntar a Weber se é melhor o governo dos homens ou o governo das leis: Weber é um estudioso que reiteradamente afirmou que o dever do cientista não é o de dar juízos de valor mas compreender (*verstehen*) e que a cátedra não é nem para os profetas nem para os demagogos (duas encarnações do poder carismático). Objetivamente considerados, o governo do chefe

---

21. M. Weber, *Economia e società*, Milão: Edizioni di Comunità, 1961, I, p. 448. [Trad. bras. *Economia e sociedade*. 2 volumes. Brasília: Editora Universidade de Brasília, 1997-1999.]

carismático e o das leis não são nem bons nem maus. Nem podem caprichosamente substituir-se um ao outro. São manifestações diversas de circunstâncias históricas diversas, das quais o cientista social deve dar conta recolhendo o maior número possível de dados históricos e empíricos (e sob este aspecto Weber jamais esteve atrás de ninguém) com o objetivo de elaborar uma teoria das formas de poder, o mais possível completa, exaustiva, *wertfrei*. Que Weber, como escritor político militante, tivesse suas preferências e nos últimos anos de vida cultivasse o ideal de uma forma de governo misto que combinasse a legitimidade democrática com a presença ativa de um chefe — forma que ele chamou de "democracia plebiscitária" para contrapô-la à democracia parlamentar "acéfala" —, é um problema do qual se pode neste momento prescindir. Mesmo porque a democracia plebiscitária que sobreveio na Alemanha alguns anos depois de sua morte não foi aquela que ele tinha imaginado e recomendado. De qualquer modo, resta a Weber o mérito, entre outros, de ter posto em termos justos um dos mais velhos problemas da filosofia política, transcrevendo uma disputa (na qual normalmente se chocaram paixões opostas) numa complexa construção de filosofia política, deixando ao político, e não ao cientista, a tarefa de escolher entre uma e outra alternativa.

Se então, na conclusão da análise, pedem-me para abandonar o hábito do estudioso e assumir o do homem engajado na vida política do seu tempo, não tenho nenhuma hesitação em dizer que prefiro o governo das leis e não o governo dos homens. O governo das leis celebra hoje seu triunfo na democracia. E o que é a democracia se não um conjunto de regras (as chamadas regras do jogo) para a solução dos conflitos sem derramamento de sangue? E em que consiste o bom governo democrático se não, acima de tudo, no rigoroso respeito a estas regras? Pessoalmente, não tenho dúvidas sobre a resposta a estas questões. E exatamente porque não tenho dúvidas, posso concluir tranquilamente que a democracia é o governo das leis por excelência. No momento mesmo em que um regime democrático perde de vista este seu princípio inspirador, degenera rapidamente em seu contrário, numa das tantas formas de governo autocrático de que estão repletas as narrações dos historiadores e as reflexões dos escritores políticos.

Democracia e sistema internacional

1. Tenho me ocupado nos últimos anos de duas das "grandes dicotomias" que predominam na teoria geral da política: democracia-autocracia, paz-guerra. Sendo proveniente dos estudos jurídicos, ocupei-me destas dicotomias sobretudo do ponto de vista das suas respectivas estruturas normativas: a primeira pode-se resolver normativamente na dicotomia autonomia-heteronomia e a segunda nesta outra: nomia e anomia. Tal redução serve para mostrar que a primeira dicotomia é uma subespécie da segunda: tanto a democracia quanto a autocracia são duas formas de nomia; a elas se contrapõe uma situação idealmente anômica, como é a da guerra. Nasce então a pergunta: que relação as duas formas nômicas têm com a guerra-anomia? O mesmo tipo de relação ou algo distinto?

Desta pergunta derivaram vários temas amplamente discutidos nos últimos anos pelos estudiosos de relações internacionais, referentes seja à relação entre democracia interna e paz internacional, seja à relação inversa entre democracia internacional e paz interna.[1] Todo este debate pode levar a duas perguntas-limite: "É possível um sistema democrático internacional entre Estados autocráticos?" e "É possível um sistema autocrático internacional entre Estados democráticos?". São duas perguntas que podem ser formuladas não porque devam ser respondidas (a resposta, na verdade, parece bastante óbvia), mas para que se possa evidenciar o entrelaçamento dos problemas que nascem do confronto entre as duas dicotomias. Os problemas debatidos atualmente são mais ou menos da seguinte natureza: 1) se as democracias são mais pacíficas do que as autocracias; 2) se, admitindo-se que sejam mais pacíficas, a paz externa pode depender de uma progressiva extensão dos Estados democráticos e da democratização da comunidade internacional; 3) que consequências podem ter sobre a democracia interna dos Estados democráticos a presença de Estados não democráticos no sistema internacional e a falta de democratização do próprio sistema – em outras palavras, se é possível ser democrático em um universo não democrático.

Interessa-me no momento particularmente este último ponto. Em textos recentes, abordei o tema do desenvolvimento da democracia moderna do ponto de

---

1. Para uma primeira informação sobre este debate, remeto à antologia *Teoria e analisi nelle relazioni internazionali*, organizada por L. Bonanate e C. M. Santoro. Bolonha, Il Mulino, 1986.

vista das promessas não cumpridas. [2] Promessas não cumpridas em parte porque não podiam ser cumpridas e em parte porque se depararam com obstáculos inesperados. Destes obstáculos, só considerei até agora os internos. Não me havia ainda posto o problema dos obstáculos externos, quer dizer, daqueles que um regime democrático encontra na medida em que faz parte da sociedade internacional, que é por si mesma essencialmente anômica e da qual fazem parte Estados não democráticos.

No último ensaio que escreveu antes de morrer, intitulado "Autoritarismo e democrazia nella società moderna", Gino Germani se havia posto o problema de saber se as democracias estariam em condições de sobreviver. Entre as causas da maior vulnerabilidade das democracias em comparação com as autocracias, Germani mencionava também as causas externas, isto é, dependentes das inevitáveis relações que todo e qualquer Estado mantêm com outros Estados, e chegava à conclusão de que "no presente estado do 'sistema internacional', a situação de dependência estreita e a internacionalização da política interna tendem a favorecer mais as soluções autoritárias que as democráticas".[3] No livro

---

2. Refiro-me particularmente ao ensaio que constitui o primeiro capítulo do presente livro.

3. Texto publicado no volume *I limiti della democrazia*, org. R. Scartezzini, L. Germani e R. Gritti. Nápoles: Liguori, 1985, p. 34.

Comment les démocracies finissent,[4] Jean-François Revel, com o vigor e o rigor polêmicos que lhe são habituais, sustenta que as democracias estariam destinadas a desaparecer e a representar um episódio de curta duração na história do mundo, e isso basicamente porque seriam incapazes de se defender de seu grande adversário, o totalitarismo, por causa das dissensões internas e do excesso de condescendência para com um antagonista mais astuto e impiedoso. Richard Falk, diretor do Centro de Estudos Internacionais da Universidade de Princeton, sustenta que "a existência de armas nucleares, ainda que não se verifique uma guerra nuclear, contrapõe-se fundamentalmente a um ordenamento democrático".[5]

Estes são apenas alguns exemplos entre os muitos que poderiam ser citados a respeito da conexão que se foi descobrindo e representando, nestes últimos anos, entre democracia e sistema internacional, ou seja, a respeito dos limites que um Estado internamente democrático sofre em suas relações internacionais pelo fato de ser membro de um sistema de Estados em grande parte não democráticos e cuja Constituição não é democrática (admitindo-se que se possa falar de Constituição no mesmo sentido que se utiliza a palavra com respeito ao sistema interno).

---

4. Paris, Grasset, 1983, tradução italiana, Milão, Rizzoli, 1984.
5. R. Falk, "Le armi nucleari e la fine della democrazia", in *I limiti della democracia, op. cit.,* p. 295.

2. A história se repete e se repetem também as reflexões que fazem os homens sobre sua história. Os escritores republicanos que sobreviveram à formação das grandes monarquias sustentaram mais ou menos a mesma tese ao verem o fim das repúblicas, subjugadas pelos vizinhos mais poderosos. Do mesmo modo que havia terminado a liberdade das cidades gregas por obra da conquista macedônica, terminou também a liberdade europeia que se identificava com a história das comunas livres. Felizmente, não se repetem apenas as ideias, mas também os erros de previsão. Ao final do século XVIII nasceria o primeiro grande Estado republicano, depois do fim da república romana, que desmentiria todas as lamentações acerca do fim das repúblicas: os Estados Unidos da América. Talvez as previsões dos profetas agourentos também acabem agora por não se realizar.

O pensamento republicano, que havia permanecido vivo durante o século XVIII na Inglaterra, na Holanda, na Itália e na França, a despeito do fato de que os grandes Estados territoriais nasceram no início da era moderna como monarquias, sempre atribuiu aos Estados republicanos, e até mesmo às repúblicas aristocráticas, uma maior vontade de paz em comparação com os grandes Estados monárquicos: as repúblicas, dizia-se, eram mais competentes na arte do comércio do que na arte da guerra. Nas *Memorie* de Jean De Witt, que se iniciam com o mote *"Sola respublica veram pacem et felicitatem experitur*",[6] contrapõe-se o desejo de bem-estar das repúblicas ao desejo de potência e de expansão das monarquias, já que "os habitantes de uma república são infinitamente mais felizes que os súditos de um país governado por um único chefe supremo". Ao passo que a arte política dos príncipes havia sido comparada à arte do leão e da raposa (num dos mais famosos capítulos de *O Príncipe* de Maquiavel), De Witt comparava a arte das repúblicas com a arte do gato, obrigado a ser simultaneamente "ágil e prudente".[7]

A tese da menor belicosidade das repúblicas frente às monarquias foi retomada e consolidada por Montesquieu, que, com sua linguagem solene e peremptória, sustenta que o espírito das monarquias é a guerra e o desejo de grandeza, ao passo que o espírito das repúblicas é a paz e a moderação. Ele dava diversas explicações a esta afirmação: é contra a natureza das coisas, dizia, que uma república conquiste uma cidade que não deseje fazer parte de sua esfera; se uma democracia conquista um povo para governá-lo como súdito, põe em risco a própria liberdade, pois será obrigada a conferir aos magistrados uma liberdade tão grande que inviabilizará o Estado conquistado. Precisamente porque mais fracas, as repúblicas haviam sempre tido uma tendência a se

---

6. Em latim no original: Apenas a república conhece a verdadeira paz e a verdadeira felicidade. [N. do T.].

7. Cito de F. Venturi, *Utopie e riforme nell'illuminismo*, Turim, Einaudi, 1970, pp. 35-36.

reunir em confederações ou ligas permanentes, como as antigas cidades gregas e, mais tarde, as províncias unidas da Holanda e os cantões suíços. Mais uma vez seria contrário à natureza das coisas que, em uma constituição federal, um Estado conquistasse o outro. Sob este aspecto, as repúblicas não apenas haviam oferecido um exemplo de menor agressividade, mas haviam dado origem àquelas alianças permanentes, as associações entre Estados, que o próprio Montesquieu dignificara, chamando de "sociedades de sociedades". Tais associações, que haviam aparecido nos primeiros projetos de paz perpétua – como o de Kant –, representaram, até os dias de hoje, a via obrigatória para se alcançar uma política de paz estável.

3. É um fato incontestável, do qual só nos resta fazer o registro, que a maior parte dos Estados atualmente existentes não é democrática. O segundo ponto, porém, merece algumas observações: em que sentido, e por que, a atual sociedade internacional não pode se dizer democrática. Para ilustrar este segundo tema, penso que não há modo melhor do que o de mostrar através de que processo ideal nasce um governo democrático segundo a reconstrução racional feita pelas doutrinas contratualistas dos séculos XVII e XVIII, cujo ponto de partida é o estado de natureza, entendido precisamente como aquele estado anômico, atualmente ainda subsistente em par-

te nas relações internacionais como estado de guerra permanente, senão real, ao menos potencial; o ponto de chegada é o Estado civil, como estado de paz, senão perpétua, ao menos estável; e a passagem de um para outro se dá mediante um conjunto de acordos, dos quais o primeiro, ainda que não declarado, tácito ou implícito, é um pacto de não agressão entre os indivíduos singulares que desejam sair do estado de natureza.

Como qualquer outro pacto, o pacto de não agressão é definido por seu conteúdo.[8] Ainda que seja puramente negativo e não explicitamente mencionado nas obras dos contratualistas, o conteúdo do pacto de não agressão é de extrema importância para o nascimento

---

8. Este pacto de não agressão é o pressuposto de todos os demais. Que este pacto de não agressão ocorra hipoteticamente entre indivíduos naturais ou, de forma menos hipotética e mais realista, entre grupos naturais, como a família, e que portanto os contraentes não sejam indivíduos singulares mas chefes de grupo, os *patres familias*, não tem qualquer relevância particular para as finalidades de validade da reconstrução. Para Vico, que se propõe a substituir a reconstrução racional dos jusnaturalistas por uma reconstrução histórica do nascimento das nações civis, ainda que o faça a partir de uma história ideal, ao estado de natureza corresponde o "estado das famílias", ao estado civil – ou melhor dito, à primeira fase da sociedade civil – corresponde a união dos chefes de família, que daria origem às repúblicas aristocráticas. Para nossa argumentação, o importante não é que para Vico o primeiro estágio do curso histórico sucessivo ao estado de natureza seja a república aristocrática e não o governo monárquico ou o democrático, mas sim que a passagem do estado de natureza ao estado civil, do estado em que ainda não existe um governo ao estado em que aparece a primeira forma de governo, ocorra mediante um pacto de não agressão entre aqueles (neste caso são os *patres familias*) que pretendem dar vida a um regimento estável.

da sociedade civil. Consiste no recíproco compromisso por parte dos contraentes de excluir o uso da violência de suas relações, um compromisso que representa a perfeita antítese das relações entre indivíduos e grupos no estado de natureza, no qual não existe nenhuma regra que exclua, e portanto qualifique como ilegítimo, o uso da violência; e ainda que se dê por suposta a existência de leis naturais, *in primis* "não matar", não há pacto algum que assegure sua observância. Enquanto meramente negativo, o pacto de não agressão representa apenas o pressuposto para a instituição da sociedade civil.

O segundo pacto, positivo, é aquele à base do qual os contraentes entram em acordo para estabelecer regras com as quais solucionar pacificamente os conflitos futuros. Retomando a terminologia de Julien Freund, este segundo pacto assinala a passagem do estado polêmico ao estado agonístico,* ou seja, da situação característica do estado de natureza – no qual a solução dos conflitos é confiada unicamente à força e no qual vigora o chamado direito do mais forte – à nova situação, na qual, excluído o uso da força recíproca para a solução dos conflitos, os sujeitos interessados se empenham para resolvê-los

---

* Os termos são usados aqui em seu sentido etimológico: estado polêmico (do grego *polemikós*, "relativo à guerra") = estado no qual se luta de modo agressivo pelos próprios interesses; estado agonístico (do latim tardio *agonisticu* derivado do grego *agonistikós*, relativo à "arte da luta" em jogos e competições) = estado no qual se compete a partir de regras arbitradas. [*N. do T.*]

mediante negociações que se desdobram necessariamente em compromissos. A passagem do estado polêmico ao estado agonístico não significa a passagem a um estado não conflitante, mas a um estado no qual o que muda é o modo como são resolvidos os conflitos. No que se refere ao processo civil, é precisamente este modo que faz a diferença. O resto vem depois, e é não menos importante, mas o verdadeiro salto qualitativo ocorre com a proibição de se recorrer à violência recíproca para defender as próprias razões.

O que vem logo depois nasce da consideração de que tanto o pacto negativo quanto o pacto positivo podem por sua vez ser violados, e a proibição de que se recorra à força recíproca, se deve valer de modo peremptório, deve valer também no caso em que não sejam respeitados o pacto de não agressão e o pacto seguinte relativo ao compromisso de não recorrer à força. Em outras palavras, a proibição de que se recorra ao uso da força recíproca deve valer não apenas para a solução dos conflitos secundários, mas também para a solução do conflito primário que pode nascer da inobservância do pacto originário de não agressão. Neste ponto é preciso dar outro passo: para evitar que a força rejeitada para a solução dos conflitos secundários seja usada para resolver o conflito primário, não há outra solução que não a intervenção de um Terceiro, vale dizer, de um personagem (que tanto pode ser individual quanto coletivo) distinto das partes contraentes.[9] E desde que estamos percorrendo de novo – ainda que com algumas etapas a mais – todo o caminho traçado pelos jusnaturalistas na construção do poder estatal, pense-se na importância que assumem as figuras do árbitro e do juiz na descrição da passagem do estado de natureza ao estado civil respectivamente na teoria política de Hobbes e de Locke.

4. A passagem do estado polêmico ao estado agonístico pode ser redefinida como passagem de uma situação de Terceiro excluído a uma situação de Terceiro incluído, ainda que esta segunda situação represente apenas o estágio final do processo, já que o salto qualitativo ocorre no momento do pacto de não agressão, que não implica necessariamente a presença de um terceiro. A presença do Terceiro, diria um jurista, é exigida não tanto para validar o pacto quanto para estabelecer sua eficácia, com o acréscimo de uma cláusula habitual: a de que, no fundo, a validade depende da eficácia. No estado polêmico, existem duas únicas figuras a quem se pode atribuir a função de Terceiro. Em primeiro lugar, a do Aliado, bem prevista por Hobbes, mas se trata evidentemente de um Terceiro aparente, já que o aliado é aquele que se inclina em direção a uma parte ou a outra e sua presença

---

9. Para esta referência e para as referências sucessivas referentes ao tema do Terceiro, chamo a atenção para o livro *Il terzo. Una figura del politico*, de P. P. Portinaro. Milão: Franco Angeli, 1986, do qual extraí diversas ideias e sugestões.

não contribui para transformar a situação diádica em situação triádica; em segundo lugar, a do Neutro, isto é, daquele que não se inclina nem para um nem para outro dos contendores, mas é um Terceiro que fica totalmente fora do conflito, tanto se a solução do conflito se der de acordo com a lógica do estado polêmico quanto se a solução se der de acordo com a lógica do estado agonístico, podendo por isso ser chamado, com razão, de Terceiro passivo.

Apenas no estado agonístico é que aparece o Terceiro ativo, quer dizer, o terceiro que intervém diretamente na solução do conflito e do qual depende – em maior ou menor medida segundo a profundidade do seu compromisso e da sua responsabilidade – a própria solução do conflito. A primeira figura do Terceiro ativo é a do Mediador, que põe as duas partes em relação, mas não se substitui a elas na busca da solução; a segunda é a do Árbitro, a quem as partes delegam a decisão, comprometendo-se a se submeter a ele; a terceira é a do Juiz, autorizado por uma instância superior a intervir para resolver o conflito e que se constitui assim plenamente em um Terceiro *super partes*.

No momento em que aparece a figura do Juiz, o estado agonístico já se transformou em um estado ulterior, que poderíamos chamar, por oposição ao estado polêmico, de estado pacífico. É este estado que nasce daquele pacto que os jusnaturalistas chamavam de *pactum subiec-*

tionis, com base no qual as partes em conflito se submetem a um poder comum, ao qual é atribuído, entre outros direitos, o de designar o juiz acima das partes, que se pressupõe imparcial e que deverá determinar quem tem razão e quem está errado. Com respeito à dicotomia proposta por Freund, portanto, considero mais correta a tricotomia, de acordo com a qual o estado agonístico é um estágio intermediário entre os dois estágios extremos do estado de natureza e do estado civil. Os jusnaturalistas haviam reconhecido perfeitamente a maior complexidade e gradualidade do processo ao distinguir o *pactum societatis*, correspondente ao estado agonístico, do *pactum subiectionis*, correspondente ao estado que chamei hobbesianamente – para que nos entendêssemos – de estado pacífico. Se quisermos ser ainda mais precisos, seria necessário distinguir duas figuras de Juiz: a do Juiz cuja instância superior não possui o poder coercitivo de fazer com que a decisão seja cumprida, como acontece ainda hoje no direito internacional, e a do Juiz cuja instância superior detém este poder porque, mediante o pacto de submissão, a ela – e somente a ela – foi atribuído o uso da força legítima. Apenas neste último estágio é que o estado pacífico está completamente realizado: na realidade, entre o estado agonístico e o estado pacífico existe o estágio intermediário do Juiz impotente, uma fase de transição, assim como, de resto, uma idêntica fase de transição existe entre o estado polêmico puro e o estado agonístico, sempre que se queira levar em conta o aparecimento das primeiras figuras de Terceiro, o aparente e o passivo.

Reitero que o evento decisivo no processo de saída do estado de natureza é o pacto inicial de não agressão, segundo o qual as partes renunciam ao uso da força recíproca; paradoxalmente, porém, a finalidade última do pacto, que é a de sair do estado de guerra próprio do estado de natureza, só é alcançada quando a proibição de que se recorra à força recíproca está garantida pela constituição – imposta ou consentida – de uma força superior.

Imposta ou consentida: até agora o nosso discurso permaneceu nos marcos da dicotomia guerra-paz. Daqui em diante podemos dar início ao discurso relativo à outra dicotomia – democracia-autocracia –, que é interna à categoria da sociedade civil. A passagem do estado polêmico ao estado pacífico diz respeito à formação do Estado. Mas podem existir diversas formas de Estado, das quais democracia e autocracia representam os dois tipos ideais opostos. Permanecendo sempre no interior da reconstrução racional da filosofia política jusnaturalista, a distinção entre estes dois tipos ideais depende do modo como é concebido o *pactum subiectionis*, quer dizer, se ele é condicionado ou incondicionado, ou, para dizer de uma forma melhor, depende das diversas condições, mais ou menos restritivas, em que é transmitido e respectivamente recebido o poder coercitivo, que é o poder de usar a força comum para impedir o uso da força recíproca. Para que se possa falar de pacto democrático, é necessário que se incluam ao menos estas duas condições: a) que o poder soberano, por quem quer que seja exercido (mesmo pelos próprios contraentes), não se estenda sobre todas as liberdades e todos os poderes que indivíduos e grupos possuem no estado de natureza e, portanto, respeite aquelas liberdades e aqueles poderes que são considerados – justamente por este seu caráter de inatacabilidade – direitos naturais e, enquanto tais, não são nem suprimíveis nem restringíveis; b) que sejam estabelecidas regras para as decisões coletivas, vinculatórias para toda a coletividade, de modo a permitir que tais decisões coletivas sejam tomadas com a máxima participação e o máximo consenso dos próprios contraentes (quando não puderem ser tomadas por unanimidade será necessário ao menos a maioria). Ao contrário, pacto autoritário é aquele em que o poder soberano é instituído sem limites ou, quando muito, só com autolimites, e as decisões coletivamente vinculatórias são tomadas por um grupo restrito de poder, ou mesmo por uma só pessoa, sem a participação e sem o consenso dos destinatários das decisões.

Entre estes dois tipos ideais podem existir historicamente formas intermediárias. Mas apenas a construção de tipos ideais permite que se compreendam as formas intermediárias. Assim, também a reconstrução racional tem valor analítico e heurístico mesmo que a ela não corresponda o desenvolvimento histórico real. Não está de modo algum excluído, porém, que uma formação histórica real possa seguir o mesmo curso ideal. Pense--se, por exemplo, em como se constituiu o atual governo democrático italiano: durante a guerra civil, provocada pela queda de uma ditadura em consequência de uma derrota militar, os grupos políticos antifascistas estabeleceram entre si, antes de tudo, um pacto de não agressão recíproca, com base no qual a força de que dispunham deveria ser usada contra o inimigo comum, e não em suas relações recíprocas, ainda que estas fossem potencialmente conflitantes. Deste pacto nasceu o Comitê de Libertação Nacional, cujos membros, em um segundo momento, mediante um pacto explícito, acordaram que ao final da guerra seriam estabelecidas regras de convivência qualificadas que lhes permitissem resolver pacificamente os conflitos, até mesmo no futuro. Não preciso acrescentar que, ao menos até hoje, a formação e o respeito do pacto de não agressão inicial e do sucessivo pacto democrático fundamentam a nossa convivência civil, e ambos os pactos constituem o fundamento de legitimidade do nosso sistema político.

5. Ora, se com base nesta reconstrução racional das várias fases através das quais se chega à formação de um

Estado democrático se observa o que se passou e ainda se passa em grande parte das relações entre os Estados (naquilo que eufemisticamente é chamado de sistema internacional), não se pode deixar de registrar inúmeras diferenças.

Em primeiro lugar, nos séculos passados, se houve pacto de não agressão entre sujeitos da sociedade internacional, que celebraram assim uma aliança, isto ocorreu apenas entre um número limitado de Estados. Ainda quando é chamada de "Santa" ou "Grande", uma aliança é sempre uma união limitada no tempo e nos objetivos, e sobretudo nos sujeitos que a integram. Pertence à essência mesma da aliança o fato de ser uma união de um grupo de Estados contra outros Estados. Os mais antigos projetos de paz perpétua não propunham na realidade mais do que uma aliança permanente, só hipoteticamente duradoura, entre Estados que se consideravam portadores de interesses comuns. A partir do século XX, com a Sociedade [ou Liga] das Nações em princípio, mas não de fato, e com a Organização das Nações Unidas em princípio e também de fato, salvo algumas exceções, o pacto de não agressão recíproca inclui, tende a incluir ou pretende incluir todos os membros da sociedade internacional.

Em segundo lugar, durante séculos a sociedade internacional não conheceu outra figura de Terceiro que não a do Mediador ou do Árbitro, que são as figuras típicas

O FUTURO DA DEMOCRACIA | 283

de um estado que, não sendo mais apenas polêmico, já se tornou agonístico, mas ainda não se transformou em estado pacífico (segundo a definição que dei deste estado pouco atrás). O Juiz no sentido de Árbitro permanente e enquanto figura institucionalizada acima das partes só apareceu ao final da Primeira Guerra Mundial, voltando a aparecer ao final da Segunda, com a Corte Internacional de Justiça. Mas se trata sempre de um juiz cujas decisões, diferentemente das decisões do juiz de um Estado, não podem contar para sua execução com o recurso a um poder coercitivo exclusivo.

Em terceiro lugar, nos séculos passados e especialmente nos últimos, caracterizados pela expansão colonial das grandes potências europeias, sempre que deixou de existir o estado anômico, isso se deu não por meio do acordo ou da formação de confederações ou estados federais – que corresponderiam respectivamente ao *pactum societatis* e ao *pactum subiectionis* de tipo democrático –, mas por meio da imposição de um Estado ou de um grupo de Estados sobre outros, quer dizer, mediante a forma típica do poder autocrático. Até hoje, a história das relações internacionais conheceu prevalentemente ou a relação anômica ou a relação autocrática (ou a anarquia ou o império). Apenas com a constituição da Liga das Nações, em primeiro lugar, e depois com a Organização das Nações Unidas é que se experimentou uma terceira via, a da superação da anarquia sem cair na autocracia ou, para usar conceitos acima aclarados, da superação da anomia sem cair na heteronomia. Estas duas instituições internacionais tendencialmente universais foram o produto de um autêntico *pactum societatis*, ao qual porém ainda não se seguiu o *pactum subiectionis*, vale dizer, a submissão dos diversos contraentes a um poder comum a quem se atribua a exclusividade do poder coercitivo.

O enorme passo avante que então se deu não consiste apenas, como dissemos acima, na universalidade do pacto, mas também, e sobretudo, na sua inspiração democrática, que resulta tanto do reconhecimento dos direitos do homem – que limita preliminarmente a autoridade que nasce do acordo e não atribui portanto a ela um poder ilimitado como o dos governos autocráticos – quanto da criação do instituto característico de uma sociedade democrática: a Assembleia, na qual todos os contraentes estão representados em pé de paridade e que decide por maioria. Falo de inspiração democrática e não de democracia *tout court* porque, com respeito ao primeiro ponto, as garantias dos direitos do homem no sistema internacional se detêm, salvo algumas tímidas exceções, nos umbrais do poder soberano dos Estados singulares, graças aos efeitos do princípio da não intervenção; com respeito ao segundo ponto, porque ao lado da Assembleia, que se fundamenta no princípio democrático da igualdade política e que é regulada pelo princípio igualmente democrático da maioria, instala-se o Conselho de Segurança, no qual é reservado a cada um dos cinco membros permanentes o direito de veto sobre assuntos não procedimentais. Além do mais, a democracia internacional é incompleta porque o processo da democratização se interrompeu no plano societário e não chegou até agora ao plano político (nem se percebe se e quando poderá alcançá-lo), isto é, ao plano no qual não só a sociedade é democrática, mas também o Estado é democrático, no mesmo sentido em que, com respeito às relações internas, se fala de governo democrático contraposto a governo autocrático.

6. Vale a pena fazer algumas observações sobre os efeitos desta interrupção do processo de democratização às portas da transformação da sociedade ainda interestatal em sociedade infraestatal, assim como é infraestatal a sociedade dos cidadãos em um Estado singular. As relações reais de poder, aquelas que determinam os movimentos da sociedade dos Estados, as transformações do sistema abrangente dos membros desta sociedade, ainda são aquelas que se estabelecem entre as grandes potências. Até ontem, aliás, estas relações se davam substancialmente apenas entre duas destas grandes potências, tanto que era plausível a interpretação do sistema internacional vigente como sistema bipolar: as relações entre as duas gran-

des potências eram relações típicas de um sistema de equilíbrio recíproco, exatamente como haviam sido por séculos as relações entre as grandes potências antes que se realizasse aquele processo de universalização e de democratização da sociedade internacional, que se iniciou com dificuldade depois da Primeira Guerra Mundial e foi retomado com alguns passos avante depois da interrupção devida à Segunda Guerra. Assim como houve um tempo em que a relação entre os sujeitos reais do sistema internacional era definida como sistema de equilíbrio das potências, depois da Segunda Guerra, e durante décadas inteiras, ela passou a ser definida como um sistema fundado no equilíbrio do terror, no qual mudaria apenas a potência das armas, que aumentou, sem modificar, a razão de tal equilíbrio, qual seja, o medo recíproco.

O medo recíproco é a característica do estado de natureza hobbesiano que determina sua instabilidade, sua insegurança, sua vulnerabilidade, todos aqueles inconvenientes que convencem o homem natural a sair daquele estado e a fundar uma sociedade com um poder comum. A passagem do estado de natureza ao estado civil é a passagem de um estado de equilíbrio instável, derivado do fato de que naquele estado cada indivíduo tem medo do outro, de todos os outros, a um estado de ordem estável fundado na existência de um poder comum, cuja tarefa principal é a de libertar cada um dos membros da nova sociedade do medo recíproco. Enquanto uma situação de relações interindividuais estiver caracterizada pelo medo recíproco, estaremos em uma situação de estado de natureza, vale dizer, de estado no qual a segurança é instável e do qual, portanto, os indivíduos buscam por todos os meios sair, usando, se possível, o principal destes meios, a institucionalização de um poder comum. Bem entendido, a situação do estado de natureza universal é completamente diferente – e, de resto, é puramente hipotética – da situação do estado de natureza entre poucos ou mesmo entre apenas dois, mas quando estes poucos ou estes dois são aqueles que detêm a maior força e são irredutíveis ao poder de um Terceiro superior, sua relação termina por dominar o sistema em seu conjunto e por favorecer, no interior do sistema de poder de cada um, relações despóticas. Tanto a anarquia entre iguais quanto o despotismo entre desiguais travam o processo de democratização do sistema, entendido como via para sair da anarquia sem cair no despotismo ou, inversamente, para dissolver um sistema despótico sem cair na anarquia.

Atualmente, nas relações internacionais, o sistema tradicional de equilíbrio entre várias potências ou grupos de potências e o sistema orientado pelo processo de democratização continuam a conviver um ao lado do outro. O sistema novo não conseguiu eliminar completamente o velho, e não conseguiu porque não alcançou a constituição de um forte poder comum; ao mesmo tempo, a sobrevivência do velho esgotou (se é que não sufocou) o novo, impedindo-o de se realizar. O contraste entre os dois sistemas também pode ser considerado do ponto de vista da distinção, bem conhecida dos juristas, entre legitimidade e efetividade: o novo é legítimo com base no consenso tácito ou expresso da maior parte dos membros da comunidade internacional, que deram vida e continuam a manter viva a Organização das Nações Unidas, à qual aderiram aos poucos os Estados de formação recente; tem, porém, escassa efetividade. O velho, por sua vez, continua a ser efetivo, ainda que tenha perdido toda legitimidade com respeito à letra e ao espírito do estatuto das Nações Unidas. É difícil prever qual destes dois sistemas está destinado a prevalecer hoje em dia.[10]

---

10. Este tema voltou à tona durante a Guerra do Golfo Pérsico entre o verão de 1990 e a primavera de 1991. Das diversas resoluções da ONU – da primeira, de 2 de agosto (nº 660), à última, de 29 de outubro (nº 672) – foram dadas interpretações opostas: segundo alguns, a intervenção da ONU seria uma prova de amadurecimento do processo de formação de um poder comum super partes, e como tal representaria uma fase intermediária mas já bastante significativa da passagem da situação de equilíbrio instável à situação de uma mais estável segurança coletiva; segundo outros, a autorização para o uso da força concedida aos Estados Unidos e a seus aliados seria uma nova prova de fragilidade da organização internacional frente à supremacia de uma grande potência, em particular os Estados Unidos, e portanto representaria a passagem de uma situação de equilíbrio a uma situação de hegemonia, não um passo avante, mas um passo atrás no que se refere ao processo de formação de um poder comum.

Ainda que com diferente intensidade, o contraste entre o plano da legitimidade e o plano da efetividade manifesta-se também no interior dos governos democráticos, nos quais o sistema das relações legais se choca continuamente com o sistema das relações reais, donde a grande variedade de governos democráticos segundo o diferente grau deste contraste. O poder real de uma grande empresa multinacional desafia o legítimo governo democrático não diferentemente de como uma grande potência escapa das deliberações das Nações Unidas ou de uma decisão da Corte de Justiça de Haia. Ouve-se frequentemente alguém falar de "duplo Estado" para se referir até mesmo ao sistema interno;[11] com esta expressão pretende-se dizer que, ao lado do ordenamento previsto pela constituição – no qual as decisões coletivas devem ser tomadas por órgãos especialmente criados para isso e que funcionam a partir de procedimentos preestabelecidos – desenvolveu-se um novo ordenamento, segundo o qual muitas decisões coletivas são tomadas diretamente pelos grupos interessados, através de acordos fundados exclusivamente no reconhecimento do poder recíproco. Com ainda maior razão se pode falar de um duplo sistema internacional, composto de dois ordenamentos idealmente incompatíveis entre si, mas

---

11. Refiro-me em particular à obra de F. Fraenkel, *Il doppio stato. Contributo alla teoria della dittatura*, Turim, Einaudi, 1983, bem como à introdução que para ela escrevi.

praticamente coexistentes, que se conhecem mas não se reconhecem, que não se ignoram mas agem independentemente um do outro.

7. Saber qual seria a consequência deste estado de coisas sobre a ordem interna dos Estados democráticos era o problema que eu me havia posto no início deste texto, com a pergunta: "Pode um Estado ser plenamente democrático em um universo (ainda) não democrático?". Só se pode responder a uma pergunta deste gênero analisando a quais condicionamentos o sistema interno está submetido pelo sistema internacional e quais destes condicionamentos influem diretamente no sistema democrático.

Limito-me a fazer algumas observações preliminares, que se inserem no tema geral das relações entre ordem interna e ordem internacional, frequentemente apresentado sob a forma de um dilema: primado do primeiro sobre o segundo ou vice-versa. Digo logo que ao problema posto deste modo, sob a forma de dilema, não se pode dar nenhuma resposta significativa. Creio, porém, que se pode dar uma resposta significativa ao tema específico dos limites impostos a um sistema democrático interno pela necessidade que ele tem de agir num contexto de Estados que não são todos democráticos e no qual o processo de democratização permaneceu incompleto. Repito que, aqui, entendo por Estado democrático aquele Estado que está baseado num pacto de não agressão entre diferentes grupos políticos e na estipulação, entre estes mesmos grupos, de um conjunto de regras que permitam a solução pacífica dos conflitos que poderão surgir entre eles. Repito também que o principal efeito do ausente processo de democratização da ordem internacional – decorrente seja da ineficácia do pacto de não agressão universal entre os Estados que está na base do estatuto da ONU, seja da maior eficácia efetiva dos pactos de não agressão entre grupos de Estados estipulados com claras intenções de defesa-ofensa contra outros grupos de Estados – consiste no fato de que o único modo de resolver os conflitos que surgem no sistema internacional ainda é, em última instância, o do recurso à violência recíproca. Do conflito Irã-Iraque ao conflito entre o Estado de Israel e os Estados árabes, não faltam exemplos no mundo contemporâneo. Até mesmo o grande conflito entre as duas superpotências, a cuja falta de solução se podia atribuir a dificuldade de resolver pacificamente todos os outros conflitos menores, era a consequência de um choque mortal cuja suspensão provisória dependia exclusivamente da ameaça do uso da força recíproca.

Num universo no qual não é possível um pacto de não agressão universal e eficaz entre os diversos membros que o compõem, e no qual, portanto, a agressão é sempre possível e, ainda que condenável e muitas vezes condenada com base nas normas vigentes, é quase sempre impunível e impune, o princípio supremo em que se inspira a conduta de um Estado é o da sobrevivência, exatamente como ocorre no estado de natureza segundo a hipótese hobbesiana. Este princípio encontrou uma formulação clássica na máxima ciceroniana *"Salus populi suprema lex esto"* (*De legibus*, III, 3),* que foi repetida ao longo dos séculos com poucas variantes. Tente-se porém aplicar esta máxima à situação interna de um governo democrático, que repousa sobre o pacto de não agressão entre as várias partes (ou partidos) – e no qual se pode imaginar que um destes grupos declare: "A sobrevivência do partido é a lei suprema" – e se terá a medida exata da dissonância. Mas esta mesma máxima não soaria dissonante num contexto em que não existisse um pacto de não agressão constitucionalizado entre as várias partes, como ocorre entre os partidos em luta durante uma guerra civil, ou naquela guerra civil permanente que transcorria no interior das cidades gregas ou das comunas medievais, na qual cada grupo político ou facção só conseguia conquistar o poder mediante o uso da violência. No atual sistema internacional, a máxima antiga é frequentemente substituída pelo apelo aos "interesses vitais", a que estão particularmente inclinadas as grandes potências, mas o sentido permanece o mesmo: trata-

---

* Em latim no original: O bem-estar do povo é a lei suprema. [*N. do T.*]

-se sempre da proteção daquele valor último que está implícito no conceito de *"salus"* e com base no qual se torna lícita – conforme o princípio "o fim justifica os meios" – qualquer ação (mesmo as que são moral ou legalmente ilícitas) que se subordine àquele fim.

No que diz respeito à liceidade moral das ações realizadas naquele estado de necessidade ou de exceção em que pode acabar por se encontrar qualquer Estado, e portanto até mesmo um Estado democrático, no universo de um sistema em que a ameaça e o uso da força recíproca são a regra, basta recordar a célebre passagem de Maquiavel que é considerada um dos pontos cardeais da teoria da razão de Estado: "Quando é preciso deliberar sobre a saúde da pátria, não se deve deixar de agir por efeito de considerações referentes ao que é justo ou injusto, caridoso ou cruel, louvável ou vergonhoso. Deve-se seguir o caminho que lhe salve a vida e a mantenha livre, rejeitando-se tudo o mais" (*Discorsi*, III, 41)*. "Rejeitando-se tudo o mais" significa propriamente rejeitando-se todos aqueles valores que fazem com que uma ordem interna seja uma ordem civil, *in primis* o valor da liberdade dos cidadãos.

No que diz respeito à força do princípio *"salus populi"*, é irrelevante a distinção entre governos democráticos e

---

* Ed. bras.: *Comentários sobre a primeira década de Tito Lívio*. Trad. de Sérgio Bath. 3ª edição. Brasília, Editora UnB, 1994. [*N. do T.*].

não democráticos. Isso está irrefutavelmente comprovado pelo fato de que a Convenção Europeia dos Direitos do Homem, estipulada entre Estados democráticos, depois de mencionar nos primeiros artigos os tradicionais direitos de liberdade, recorrentes nas declarações de direitos que estão na base dos Estados liberais, introduz o princípio do estado de exceção no art. 15, no qual se lê: "Em caso de guerra ou de outro perigo público que ameace a vida da nação, qualquer uma das partes contraentes pode tomar medidas que derroguem as obrigações previstas na presente Convenção". Entre as muitas justificativas que foram dadas para a distinção entre moral e política, e que constituíram o *corpus* da doutrina da razão de Estado, a mais frequentemente adotada é a da "derrogação": não existe lei geral que não admita derrogações em casos excepcionais. Aquilo que não se admite nas relações internas, que se presumem fundadas numa relação hierárquica de comando-obediência entre governantes e governados, salvo em casos excepcionais de "perigo público", é admitido num sistema de Estados soberanos, no qual, ao menos em certo nível, não existe qualquer relação de comando-obediência e a segurança de cada um depende unicamente da capacidade de autodefesa (que compreende naturalmente também o ataque preventivo).

Não se pode comparar o estado de guerra efetiva, que é verdadeiramente excepcional, com o estado de insegurança permanente em que se encontra todo Estado num sistema como o internacional, no qual falta o poder comum, um Terceiro acima das partes que seja dotado de suficiente poder coercitivo, mas não se deve ignorar a diferença entre este estado de insegurança e o estado de maior segurança ou de segurança relativa em que se encontra geralmente um governo em seu interior, salvo nos casos de grande crise constitucional. Ora, é precisamente levando em conta esta diferença que se pode compreender em que sentido se fala de possíveis condicionamentos da política interna por parte da política externa. No caso de um governo democrático, tais condicionamentos se revelam na dificuldade ou na impossibilidade de observar, na política externa, os mesmos compromissos que assume (e está geralmente em condições de respeitar) na política interna.

8. Um desses compromissos é o que se refere à visibilidade do poder. A característica da democracia – sobre a qual não deixei de insistir ao longo dos anos –[12] é a da publicidade dos atos de governo, pois somente quando o ato é público os cidadãos estão em condições

---

12. A começar de "A democracia e o poder invisível" (1980), agora no presente volume, retomei o tema no Prefácio a *La strage. L'atto di accusa dei giudici di Bologna*. Roma: Editori Riuniti, 1986, pp. IX-XX. Ver também M. Brutti, "Democrazia e potere invisibile", in *Rinascita*, XLII, n° 33, 7 de setembro de 1985, pp. 28-30. Mais amplamente na comunicação "Democrazia e segreto", in *Il trattato segreto*. Anais do Seminário realizado em Sassari e Alghero em 24-26 de março de 1988, org. Paolo Fuis. Pádua, Cedam, 1990, pp. 16-31.

de julgá-lo e portanto de exercer diante dele uma das prerrogativas fundamentais do cidadão democrático, o controle dos governantes. Nas origens da democracia representativa, Guizot, autor de *Histoire des origines du gouvernement réprésentatif* (1821-1822), escrevia que a publicidade dos debates da Câmara dos Representantes submetia os poderes à obrigação de buscar a justiça e a razão aos olhos de todos, de modo a que cada cidadão se convencesse de que esta busca havia sido feita de boa-fé. O princípio da visibilidade é um princípio revolucionário, já que contrasta a tendência natural do poder – de qualquer forma de poder – de se esconder, ou não declarando em público as próprias intenções ou declarando-as de forma mentirosa, subtraindo-se dos olhares indiscretos das pessoas ou mascarando-se (mimetizando-se). À semelhança de Deus, o poderoso tende a se tornar inacessível: os *arcana dominationis* são uma imitação dos *arcana naturae* (ou dos *arcana Dei*). Elias Canetti escreveu páginas memoráveis sobre o "segredo" como essência do poder, páginas que merecem ser meditadas (como de resto o livro inteiro, *Massa e poder*): o poder deve ser imperscrutável, do mesmo modo que os desígnios de Deus. Não deve ser visto porque isto lhe permite ver melhor o que fazem os outros: "O poderoso percebe o que pretendem os outros, mas não permite que percebam o que ele próprio pretende. Ele tem de ser o que mais cala. A ninguém é permitido saber o que ele pensa e o que se propõe a fazer".[13]

Precisamente porque o princípio da visibilidade do poder é inatural, é também o mais difícil de ser respeitado: o poder resiste a toda tentativa feita pelas vítimas de expô-lo, de induzi-lo a se apresentar à luz do sol, de forçá-lo a tirar a máscara, a dizer a verdade. Sempre encontra todo tipo de pretexto para não se deixar ver, um bom argumento para justificar a própria transgressão da obrigação de ser transparente. Os pretextos ou os argumentos mais comuns são, e sempre foram, sobretudo dois: 1) os assuntos de Estado são complicados demais para serem postos à disposição do público, que além do mais não os compreenderia; 2) não se deve revelar as próprias intenções ao inimigo. Os destinatários destas duas máximas de governo são os súditos e os outros Estados. Mas ambas – e em particular a segunda – mostram e conservam sua força vinculatória, sobretudo, em política externa.

Lembre-se ainda que além ou aquém da esfera da ação pública – na qual a violação de regras estabelecidas pode ter consequências políticas, ainda que apenas na forma mínima do descrédito público de quem viola, e consequências jurídicas, até a sanção extrema do *impeachment*– há sempre uma parte da ação política que se desenrola em

---

13. E. Canetti, *Masse und Macht* (1960). [Ed. bras.: *Massa e poder*. Trad. de Sérgio Tellaroli. São Paulo, Companhia das Letras, 1995, p. 292].

uma esfera mais profunda de mistério, de inacessibilidade ou de inconhecibilidade: aquela conduzida pelos serviços secretos, que é tacitamente aceita e que, ainda quando submetida a discussões ou apenas a críticas teóricas que não têm, e jamais tiveram, qualquer relevância prática, acaba por ser plenamente legitimada até mesmo nos Estados democráticos. Quando se lê no opúsculo kantiano *Para a paz perpétua* – texto escrito por um autor que nega resolutamente a separação entre política e moral – a condenação do uso de espiões e de qualquer outro meio secreto de luta em tempo de guerra (e com maior razão, presume-se, em tempo de paz), chega-se hoje quase a sorrir diante da ingenuidade de um grande filósofo, de quem se pode pensar que vivia com a cabeça nas nuvens. A esfera de aplicação de todas estas formas de ação secreta é ainda uma vez prevalentemente a da política externa, ou a das relações entre sujeitos políticos separados e potencialmente hostis, relações estas que se estabelecem em um universo no qual o ausente ou incompleto processo de democratização teve até agora, entre outras consequências, também a de impedir a plena aplicação do princípio da visibilidade do poder. Não se pode combater o poder invisível senão com um poder invisível igual e contrário, não se combate o segredo senão com o segredo. Eventualmente, os rivais competirão para saber quem tem os serviços secretos mais eficientes, os espiões mais confiáveis, a contra-espionagem mais eficaz, para ver quem consegue ser mais astucioso e exercer melhor a arte da mentira e da fraude.

9. Percebo perfeitamente que todo este meu discurso é conjetural. Trata-se de uma conjetura que se inspira na ideia kantiana segundo a qual a paz perpétua só é possível entre Estados que tenham a mesma forma de governo e quando esta forma de governo for a forma republicana (aquela forma de governo na qual as decisões coletivas cabem ao povo), integrada pela ideia segundo a qual a união de todos os Estados também deve ter forma republicana. Percebo também que esta conjectura é inverificável, como é próprio de uma ideia da razão pura, que só pode valer na prática como ideia reguladora. Como qualquer conjetura, também a minha tese só pode ser expressa na forma de uma proposição hipotética "se-então". "Se todos os Estados fossem republicanos, se a própria sociedade de todos os Estados fosse ela mesma republicana, então...". A pedra no sapato está naquele "se". Ao passo que a conseqüência da premissa é inverificável e infalsificável, a premissa é por sua vez bastante improvável no atual estado do sistema internacional. Encontramo-nos diante de um daqueles círculos viciosos em que qualquer previsão racional está bloqueada, e em que, se de esperança podemos falar, é porque confiamos exclusivamente no caráter limitado, em tantas ocasiões demonstrado, de nossa própria razão. O círculo

vicioso pode ser assim formulado: os Estados poderão se tornar democráticos apenas em uma sociedade internacional completamente democratizada. Mas uma sociedade internacional completamente democratizada pressupõe que todos os Estados que a compõem sejam democráticos. A realização de um processo é obstaculizada pela não realização do outro.

Não obstante tudo isto, o número dos Estados democráticos tem aumentado e o processo para a democratização da sociedade internacional já se iniciou. O que pode permitir que se pense que as duas tendências, em vez de se oporem, se fortalecem reciprocamente, ainda que seja muito cedo para que se transforme esta esperança em uma previsão.

Sobre o autor

Norberto Bobbio (1909-2004), filósofo da democracia e defensor dos direitos humanos, nasceu em Turim, Itália. Em 1938 começa a lecionar na Universidade de Siena, e por mais de 40 anos dedica-se a ensinar filosofia do direito em universidades italianas. É transferido, em 1948, para a Universidade de Turim, onde recebe o título de professor emérito e leciona até se aposentar, em 1984.

Senador vitalício a partir de 1984, foi alinhado às posições do Partido Socialista Italiano. Publicou centenas de artigos e dezenas de livros sobre temas jurídicos de filosofia política, filosofia do direito e história do pensamento político.

Alguns de seus livros publicados no Brasil: *A teoria das formas de governo* (Ed. UnB); *Qual socialismo?*; *Estado, governo, sociedade* (Paz e Terra); *Direita e esquerda*; *Nem com Marx, nem contra Marx*; *Os intelectuais e o poder* (Ed. Unesp); *Da estrutura à função: novos estudos da teoria do direito*; *O terceiro ausente: ensaios e discursos sobre a paz e a guerra* e *Estudos por uma teoria geral do direito* (Ed. Manole).

Este livro foi composto na tipografia Dante MT Std, em corpo 10,5/15, e impresso em papel off-white no Sistema Digital Instant Duplex da Divisão Gráfica da Distribuidora Record.